Como ser o amor da sua vida

Carol Fagundes

Como ser o amor da sua vida

Um guia prático para cultivar
a autoestima no dia a dia

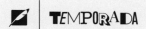

Copyright © 2021 by Editora Letramento
Copyright © 2021 by Carol Fagundes

Diretor Editorial | Gustavo Abreu
Diretor Administrativo | Júnior Gaudereto
Diretor Financeiro | Cláudio Macedo
Logística | Vinícius Santiago
Comunicação e Marketing | Giulia Staar
Assistente Editorial | Matteos Moreno e Sarah Júlia Guerra
Designer Editorial | Gustavo Zeferino e Luís Otávio Ferreira
Capa | Sergio Ricardo
Revisão | Ana Duarte
Diagramação | Isabela Brandão

Todos os direitos reservados.
Não é permitida a reprodução desta obra sem
aprovação do Grupo Editorial Letramento.

Dados Internacionais de Catalogação na Publicação (CIP) de acordo com ISBD

F156c	Fagundes, Carol
	Como ser o amor da sua vida / Carol Fagundes. - Belo Horizonte : Letramento ; Temporada, 2021.
	148 p. ; 15,5cm x 22,5cm.
	ISBN: 978-65-5932-042-4
	1. Autoajuda. 2. Desenvolvimento pessoal. 3. Amor-próprio. I. Título.
2021-1849	CDD 158.1
	CDU 159.947

Elaborado por Odilio Hilario Moreira Junior - CRB-8/9949

Índice para catálogo sistemático:
1. Autoajuda 158.1
2. Autoajuda 159.947

Belo Horizonte - MG
Rua Magnólia, 1086
Bairro Caiçara
CEP 30770-020
Fone 31 3327-5771
contato@editoraletramento.com.br
editoraletramento.com.br
casadodireito.com

 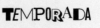

Temporada é o selo de novos autores do
Grupo Editorial Letramento

Dedico este livro a você, que o tem nas mãos, afinal,
ele foi escrito pensando em você, como uma forma de
apoiá-la e estar ao seu lado. Aproveite a leitura!

9 **INTRODUÇÃO**

11 **CAPÍTULO 1** — MINHA HISTÓRIA SE PARECE MUITO COM A SUA

25 **CAPÍTULO 2** — TUDO SOBRE SUA AUTOESTIMA

25 Autoestima, a base de tudo

29 Autoestima e vida profissional

31 Autossabotagem

33 Sinais de baixa autoestima

34 Como se forma a autoestima de uma pessoa

36 O que fazer, então?

41 **CAPÍTULO 3** — DESVENDANDO OS MITOS QUE A
AFASTAM DE UMA AUTOESTIMA SAUDÁVEL

42 Mito: Autoestima é gostar da sua aparência

45 Mito: Cuidar de si em primeiro lugar é egoísmo.

47 Mito: Uma boa autoestima está ligada a eventos grandiosos da vida.

49 Mito: Reconhecer os seus pontos fortes é falta de humildade.

50 Mito: Há uma idade limite para fortalecer a autoestima e fazer sua vida dar certo.

51 Mito: Autoestima em excesso torna você arrogante.

55 **CAPÍTULO 4** — OS ERROS QUE VOCÊ COMETE
E QUE A IMPEDEM DE SE AMAR

56 Erro #1: Tentar agradar a todo mundo

58 Erro #2: Associar a autoestima e autoconfiança a elementos externos

59 Erro #3: Aceitar menos do que merece

60 Erro #4: Agir pela motivação errada

63 Erro #5: Viver no piloto automático

65 Erro #6: Buscar se encaixar nos padrões impostos

68 **CAPÍTULO 5** — QUEM VOCÊ É DE VERDADE?

69 As Mensagens da Infância

72 Livrando-se dos Rótulos

75 O que mais você não é

77 Autorresponsabilidade

78 Finalmente, quem é você?

79 Os seus talentos

82	Encontrando a sua inspiração
83	Lista dos desafios superados e das conquistas
85	Exercícios de aprofundamento

89 CAPÍTULO 6 – UMA ÚLTIMA FAXINA

89	Mudando seus diálogos internos
92	Crítico interno
95	Perdoar-se pelos erros do passado
99	Crenças Limitantes
105	Revelando os pontos cegos

111 CAPÍTULO 7 – COMPORTAMENTOS DE OURO PARA UMA BOA AUTOESTIMA

114	Alguns exemplos de comportamentos de ouro
114	Beber água
114	Cultivar um tempo de qualidade consigo mesma
118	Arrumar-se para si mesma
118	Cuide da sua postura e da sua fisionomia
120	Dar sempre o seu melhor
120	Viver no presente
121	Fazer afirmações positivas
123	Criar rituais durante o seu dia
126	Cultivar atitudes de autocuidado

130 CAPÍTULO 8 – ENTRANDO EM AÇÃO

130	Regras da sua vida
133	Quais os seus sonhos?
134	Metas
137	Preparando-se para a jornada
140	Aprenda a falar ''não''

145 CARTA DE DESPEDIDA

Introdução

SABER QUE VOCÊ TEM ESTE LIVRO EM SUAS MÃOS É UMA DUPLA EMOÇÃO para mim. Primeiro, porque isso me faz lembrar de todo o caminho percorrido para que ele chegasse até você. E, segundo, porque sei que este livro alcançou o seu destino final. Ele foi escrito única e exclusivamente para você, para que eu pudesse estar ao seu lado, apoiando-a e segurando a sua mão nessa jornada de reconstrução da sua autoestima.

Viver com baixa autoestima é como conviver com uma ferida na alma, uma ferida invisível, que ninguém mais é capaz de sentir ou compreender. Eu sei exatamente como você se sente. Sei também o quanto é solitário se sentir assim, pois, além da angustiante sensação de não ser compreendida (muitas vezes nem por si mesma), você acredita que isso só acontece com você, que a sua ferida invisível dói profundamente, enquanto todas as outras pessoas do mundo estão bem e felizes com suas vidas perfeitas.

Nossa, como eu a entendo! Eu também já estive onde você está agora e me senti exatamente assim. E sou profundamente grata por poder dizer a você tudo o que eu gostaria de ter escutado naquela época: eu estou aqui com você. Isso acontece com muito mais gente do que você imagina. Você não está só e eu a apoiarei e a guiarei em cada passo desse caminho de autodescoberta e reconstrução da sua autoestima.

Apesar de começar a compreender que não está mais sozinha, talvez você ainda tenha algum medo ou alguma insegurança em relação ao que a aguarda nas próximas páginas. Saiba que não há com o que se preocupar. Há anos eu venho estudando, criando e fazendo testes para assegurar que você tivesse um guia para conduzi-la por essa jornada por um caminho seguro, confiável, descomplicado e tranquilo.

Prometo, ainda, que o seu percurso será leve, agradável e gostoso. Mas já lhe adianto que não será um percurso passivo. Este livro é uma construção conjunta, minha e sua. A minha parte é trazer a você toda a teoria na medida necessária para seu entendimento, bem como as ferramentas para que você vivencie uma linda jornada de reconstrução interior. A sua parte é fazer todas as atividades e colocar em prática tudo o que encontrar aqui.

Vejo muitas pessoas caindo na armadilha do desenvolvimento pessoal por ficarem apenas consumido passivamente os conteúdos teóricos. Elas leem, veem vídeos e palestras, acumulam muito conhecimento, mas nada fazem com ele. Essas pessoas se tornam um poço de conhecimento acumulado, e nada mais. Não experimentam nenhum tipo de transformação em suas vidas. Elas se tornam pessoas ótimas para aconselhar os outros, porém suas próprias vidas continuam uma bagunça. Conhece alguém assim? Elas também têm um sentimento de frustração muito grande, pois se sentem sem esperança de terem uma vida diferente. Isso é muito comum e acontece por um motivo simples, porém ignorado: a transformação requer prática.

A teoria é importante, mas, sozinha, ela não gera mudanças. E esta é uma das coisas de que sinto mais falta nos conteúdos sobre autoestima que existem por aí. Eles falam muitas coisas importantes e pertinentes sobre o tema, mas não explicam como aplicar todo esse conteúdo em nossas vidas cotidianas, sendo que é a prática que fará a diferença em sua vida.

Por isso, quero muito que você se comprometa comigo a fazer todas as atividades que preparei. O livro tem espaço para preenchimento e você tem permissão para escrever nele, afinal, ele é seu! Aproprie-se deste que é o seu companheiro. A não ser que você o tenha pegado emprestado em alguma biblioteca. Neste caso, opte por um caderninho para preencher as ferramentas. O importante é entrar em ação. Deu para entender, não é mesmo?

Feitos os avisos iniciais e tendo expressado minha emoção e gratidão por ter chegado o momento tão esperado por nós duas, é hora de respirar fundo, porque vamos começar. Sua vida nunca mais será a mesma, pois você conhecerá o amor mais intenso e verdadeiro que existe: o amor-próprio.

Vamos em frente?

CAPÍTULO 1

Minha história se parece muito com a sua

CONSIDERANDO QUE PASSAREMOS ALGUM TEMPO JUNTAS DAQUI EM diante, quero compartilhar um pouco da minha história com você. Acredito que isso seja muito importante, não só porque assim nos tornaremos mais próximas e você não se sentirá diante de uma estranha, mas também para que você consiga compreender por que a autoestima é a minha bandeira, a causa pela qual escolhi lutar.

Acredito também que, sempre que ouvimos a história de outra pessoa, em algum nível mais sutil, alguma coisa se transforma dentro de nós, possibilitando que experimentemos um verdadeiro processo de cura, apenas pela escuta aberta e ativa.

Por esse motivo, eu a convido a ler sobre a minha história, mas sempre pensando também na sua própria, para que você já vá se abrindo para essa jornada linda de transformação e amor-próprio em que você escolheu embarcar.

Ao longo de toda a minha vida, eu tive muita dificuldade para me amar. Isso porque eu criei uma visão de mim mesma extremamente depreciativa, o que alimentava uma sensação de inferioridade e um profundo desamor.

Como você poderá perceber ao longo deste livro, a autoestima é formada basicamente na infância. Não necessariamente pelas coisas que vivenciamos, mas pela forma como interpretamos, ainda quando crianças, os acontecimentos que se deram conosco e à nossa volta.

Eu era uma criança gordinha. Não era nada de mais, nada que fosse preocupante ou que me classificasse como uma criança obesa. Eu era apenas uma menina considerada gordinha, mas já era o suficiente para que os meus coleguinhas de escola me apontassem os dedos, em meio a risadas e gritos de "bolota, baleia, balofa". Isso doía muito. Eu tinha aproximadamente 5 anos de idade e ainda me lembro como se fosse ontem da minha primeira amiguinha correndo atrás dos outros meninos, pedindo que parassem de rir de mim.

É justamente na infância que criamos o nosso autoconceito, formamos a nossa autoestima e construímos o nosso senso de valor diante da vida. E passar essa fase sendo alvo de piadas e chacotas foi decisivo para que eu começasse a minha vida me sentindo mal em relação a quem eu era e acreditando ser pior do que as outras pessoas.

Na minha casa, eu era cercada pelo amor e cuidado dos meus pais. Eles faziam por mim o melhor que podiam e dedicavam-se com muito afinco a proporcionar aos filhos as melhores condições de vida possíveis, as condições que eles mesmos não tiveram, para que crescêssemos com saúde, conforto e boa educação. Claro que isso implicava uma grande ausência deles no núcleo familiar, afinal eram praticamente três turnos de trabalho duro para nos cercar de todo o bem-estar possível. Dessa forma, não sobrava muito tempo para que eles conversassem comigo e me explicassem que tudo aquilo que acontecia não fazia de mim uma pessoa sem valor, nem que eu era menos importante ou menos especial que as outras pessoas.

Como essas conversas não aconteciam, cresci achando que havia algo de muito errado comigo e que eu não era boa o bastante para ter o carinho, o respeito, a amizade e o amor das pessoas à minha volta. Eu me lembro com clareza de como me sentia infeliz, mas, por ser apenas uma criança, não sabia sequer compreender toda aquela tristeza, quiçá expressá-la ao mundo.

Esse sentimento me acompanhou por toda a infância. Na verdade, ele se fez presente por quase toda a minha vida, sem que eu pudesse entendê-lo, muito menos explicá-lo. Hoje consigo compreender que eu vivia em busca de ser aceita, amada e querida. Tudo o que eu mais desejava era me sentir boa o bastante, sabe? Queria me sentir acolhida e que as pessoas admirassem quem eu era, ainda que eu mesma não tivesse consciência do meu valor.

Muito complicado para uma criança? Também acho, mas só cheguei a todas essas constatações depois de adulta, justamente ao tentar dar um jeito na bagunça que essa tristeza e esse desamor criaram em minha vida!

Eu tinha um certo trauma do colégio, em virtude de todo o sofrimento que vivia por lá, e chorava muito quando chegava a hora de ir para a aula. Eu me agarrava no batente da porta do meu quarto e não queria me soltar de jeito nenhum, pois, no meu imaginário infantil, se eu me segurasse bem firme, meu pai desistiria de me levar à escola e eu passaria o resto da tarde sem nenhum tipo de choro, angústia ou medo. Sim, eu sentia muito medo.

Uma vez, uma menina mais velha, ao passar por mim, sussurrou em meus ouvidos que eu era tão feia que merecia morrer e que, se eu passasse de novo na sua frente, ela mesma me mataria. Eu tinha uns 10 anos nessa época e o terror que senti fez com que eu guardasse aquilo tudo para mim sob sete chaves e nunca contasse isso para os meus pais nem para os meus professores ou para os poucos amigos que eu tinha.

Do mesmo jeito que hoje consigo compreender os meus sentimentos daquela época, também consigo entender e perdoar todas as pessoas que sentiam prazer em me fazer sofrer. Eu sei que, no fundo, no fundo, elas sofriam tanto quanto eu, ou até mais, pois somente alguém em profundo sofrimento é capaz de tentar colocar outra pessoa naquele mesmo estado de dor e de medo, na tentativa de se sentir bem consigo mesmo. Aprendi que, se você conhecesse as dores dos seus inimigos, eles seriam seus amigos, e isso transformou a maneira como enxergo os meus algozes do passado.

Foram inúmeros episódios do que hoje ganhou o elegante nome de *bullying*, mas precisamos prosseguir com a história, e, como sei que já deu para ter uma ideia do quadro geral, vamos avançar um pouco o filme para a minha adolescência!

Ah, a adolescência! A fase crítica na vida de quase todas as pessoas do mundo! O momento em que nos tornamos eternos questionadores de tudo e de todos, em uma busca implacável pela nossa própria identidade! Por incrível que pareça, a minha adolescência não foi de muitas turbulências. As piadas e humilhações cessaram, mas o estrago interior já estava feito, e aquele sentimento de inferioridade e a dor de não me sentir boa o bastante ainda permaneciam firmes e fortes dentro de mim. Posso resumir minha adolescência como sendo a minha fase de extrema vergonha e distúrbios alimentares.

Como diria a minha avó, eu dei uma "bela espichada", e a criança gordinha deu lugar a uma adolescente muito alta e com um corpo considerado magro pelos padrões da sociedade. O espelho, todavia, insistia em me mostrar o contrário: eu enxergava a minha imagem totalmente distorcida. Por rejeitar profundamente o meu corpo, lancei-me em uma busca alucinada e doentia pelo emagrecimento. Nessa saga passei por muitos médicos, de endocrinologistas a psiquiatras, que ora me receitavam remédios para emagrecer, ora remédios controlados para todos os tipos de transtornos que uma pessoa pode imaginar! Entre compulsão alimentar, anorexia e síndrome do pânico, eu lidava como podia com a autoimagem distorcida que criei, em um sofrimento silencioso e praticamente imperceptível! A minha aparência era tranquila e serena, mas meu mundo interior ruía dolorosamente, um pouco mais a cada dia.

Além disso, aquela baixíssima autoestima me levava a fazer sempre o que eu achava que as pessoas esperavam de mim, e nunca o que eu queria fazer de verdade. Mas sabe de uma coisa? Eu estava tão ocupada em tentar ser uma pessoa digna de amor e agir como eu acreditava que agradaria aos outros, que nem me sobrava muito tempo para reflexões sobre o que eu mesma queria para a minha vida, tampouco quem eu era de verdade, pois a única coisa que sabia era que, fosse lá quem eu fosse, aquilo não era bom o bastante.

A minha busca desesperada por me sentir amada fez também com que eu criasse diversos amores platônicos. Aquelas paixonites de adolescente eram algo muito comum em minha vida. Eu fantasiava durante horas em minha solidão, imaginando ouvir todas as declarações de amor possíveis, cada hora de um menino diferente. A realidade era bem diferente das minhas fantasias, e isso aumentava a minha sensação de rejeição e a certeza de que eu nunca seria amada.

Sim, eu tive meus namoradinhos, mas eles não foram nem de longe tão numerosos quantos os romances imaginários, e todos tinham um elemento em comum: eu era escolhida! Eu só me envolvia com os meninos que demonstravam interesse por mim, e nem sempre eram aqueles por quem eu havia me interessado em primeiro lugar. Porém, como eu mantinha a crença de que ninguém jamais gostaria de mim, ficava deslumbrada e me sentia com sorte quando alguém demonstrava interesse!

Já no final da minha adolescência, conheci mais uma pessoa que se interessou por mim e começamos a namorar. Esse namoro durou um tempinho razoável e, com vinte e dois anos, lá estava eu fazendo o que a sociedade esperava de mim: casando-me com ele.

Naquela época, eu não sabia de uma coisa que hoje sei: uma pessoa com uma autoestima saudável tende a se sentir atraída por outra com pessoa com autoestima saudável. O contrário também é verdade: uma pessoa com baixa autoestima tende a se unir a alguém que também tem autoestima baixa, e os relacionamentos frutos dessa segunda opção tendem a ser disfuncionais e pouco (ou nada) saudáveis.

É justamente da união de duas pessoas com baixa autoestima que muitas vezes nascem os relacionamentos abusivos. Essa era a minha história, eu estava vivendo uma relação abusiva. Não vou me aprofundar muito nessa temática, pois ela é tão profunda que renderia um livro próprio. Vou apenas me limitar a esclarecer que um relacionamento abusivo é aquele em que há, de forma recorrente, agressividade e violência em qualquer uma das suas formas (física, psicológica, sexual, financeira ou moral).

No meu caso específico, o relacionamento era marcado pela violência psicológica, com a presença de agressividade, ofensas, além de muito ciúme, possessividade e necessidade de controle.

Cheguei a ouvir do meu então companheiro que eu era nojenta, deformada, burra, que não tinha higiene pessoal e mais uma série de agressões, impropérios e absurdos, que faziam com que eu me sentisse um lixo.

Eu acreditava naquelas palavras e atitudes, o que só fazia aumentar meu desamor por mim e minha sensação de inferioridade.

É muito importante destacar que, nessa dinâmica de abusividade, não havia culpados ou inocentes, mocinhos ou vilões. Havia apenas duas pessoas emocionalmente adoentadas, que tinham suas próprias questões interiores e, diante da inabilidade de lidar com elas, transferiam para a relação com o outro toda a sua falta de amor-próprio, autoestima e autoconfiança.

O meu casamento, assim, como tudo na minha vida naquele tempo, era muito infeliz, um relacionamento de profundo desamor e desrespeito, sem diálogo ou companheirismo. Um perfeito reflexo de nossos estremecidos mundos interiores.

Não, eu não conseguia enxergar a situação com a clareza que tenho hoje. Eu não sabia que havia um problema. Apenas acreditava que o amor era daquele jeito mesmo e que as cenas de novela e filmes de Hollywood não passavam de uma mentira fantasiosa que alguém inventou para lucrar em cima dos pobres sonhadores que achavam que aquilo poderia ser verdade. O que eu vivia era o "amor" que eu conhecia e, se alguém tentasse me dizer que vivia algo diferente, eu sorria, fingindo acreditar, mas no fundo me apiedava daquela pessoa, porque tinha certeza de que ela estava mentindo ou sendo enganada.

Imersa em toda essa situação, fui me afastando cada vez mais das pessoas. Já não tinha contato com os meus poucos amigos e estava distante até mesmo da minha família. No meu casamento também não havia muita convivência. Umas das dinâmicas daquela relação abusiva era a indisponibilidade emocional e um tratamento de silêncio por parte do meu marido. Eu passava a o tempo quase todo sozinha, isolada. Sentia-me profundamente no fundo do poço e pensava coisas que nem sequer tenho coragem de revelar. Só pedia a Deus que colocasse logo um fim em todo aquele sofrimento.

Mas, em meio a tanta tristeza e tamanho isolamento, percebi que havia alguém ali comigo. Percebi que tinha uma pessoa que estaria sempre ali, por mais que eu tentasse me afastar dela. Era uma pessoa que sempre estivera presente, mas para quem eu nunca havia sequer olhado, alguém que eu não tinha tentado conhecer nem minimamente. Essa pessoa era eu mesma.

De repente, eu me dei conta de que havia algo com que me ocupar, algo para me distrair daquela infelicidade. Em uma tentativa de me divertir um pouco e fazer o tempo passar, decidi me conhecer melhor. Então, comecei a me descobrir aos pouquinhos. Fui tomada por uma curiosidade quase infantil e, como uma boa criança curiosa, despejei sobre mim uma série de perguntas e, a cada resposta, fazia uma nova descoberta.

Eu me perguntava do que eu gostava de comer, de quais coisas eu gostava de fazer, o que me divertia, o que me inspirava, enfim, fazia uma série de questionamentos aparentemente simples, mas muito reveladores.

Meu Deus, eu estava tão encantada com aquilo! Um mundo novo se descortinava diante dos meus olhos. Quanto mais coisas eu descobria sobre mim, mais ia me apaixonando e me conectando comigo mesma. Depois de toda uma vida de autoabandono, enfim comecei a me resgatar e, nesse processo, me dei conta de que eu era uma pessoa incrível! Eu era divertida, alegre, criativa, curiosa, carinhosa, engraçada, adorável e estava perdidamente apaixonada por mim mesma!

A vida foi entrando novamente em mim. O meu coração voltou a bater alegre dentro do peito, irradiando uma sensação de contentamento comigo mesma nunca antes experimentado pela minha alma. Foi assim que teve início o processo de reconstrução da minha autoestima. Em uma tentativa de me ocupar e me distrair da infelicidade que me assolava, descobri o verdadeiro amor: o amor-próprio.

Eu estava sorrindo mais e comecei a fazer algo que me encantava muito, que era contagiar as pessoas com minha alegria e fazê-las sorrir também. Até comecei a me tornar mais sociável, fiz novos amigos! Nem eu mesma podia acreditar em tudo o que estava vivendo!

Só que, apesar de ter começado a despertar a vida dentro de mim, o cenário geral ainda era ruim. O meu novo modo de agir e me comportar estremeceu ainda mais o meu relacionamento, aumentando o medo e a dor de permanecer naquela relação.

À medida que eu me conhecia, fui percebendo que toda aquela vida que eu havia construído enquanto agia em busca de atenção e aprovação não tinha nada a ver comigo. A realidade à minha volta não me pertencia, e aquela vida era tudo o que eu não queria para mim! Eu não me reconhecia naquele casamento, não tinha nada a ver com aquele trabalho, nem a minha própria aparência me animava, pois toda a minha beleza natural estava escondida pelas muitas tentativas de reproduzir um padrão que não me representava.

Como disse, eu estava perdidamente apaixonada por mim e, como os apaixonados fazem, prometi que me daria a lua! Jurei a mim mesma que não aceitaria nada menos do que o sensacional! E aquilo à minha volta era tudo, menos sensacional.

Procurei ajuda psicológica para compreender o que acontecia e me fortalecer emocionalmente a fim de tomar uma decisão. Depois de um ano de intensas batalhas internas, em que a esperança por uma vida melhor se digladiava com a culpa, o medo, a raiva e toda sorte de emoções e sentimentos, reuni a força interior de que precisava para sair daquele relacionamento. Decidi começar por ali, pois era a mudança mais urgente que precisava ser feita, para ser justa comigo mesma e com todos os envolvidos.

De todas as decisões que eu já havia tomado em minha vida até então, essa com certeza foi a mais difícil. Você sabe que rompimentos nunca são fáceis, não é mesmo? Essa relação ainda tinha um sério agravante: os profissionais que me acompanhavam na época advertiram-me que, pelos comportamentos demonstrados, a decisão da separação implicava risco de morte.

Aquelas palavras pesaram uma tonelada. Era como se o chão se abrisse debaixo de mim. E, depois de processar essa pesada informação, eu não tinha dúvidas: preferia morrer lutando pela minha felicidade do que me conformar com aquela vida que tanto me causava dor.

As dificuldades da decisão não se limitavam ao medo e ao risco que ela trazia. Por mais que minha situação fosse desagradável e dolorosa dentro da relação, com o passar dos anos vários vínculos são criados. Eu me preocupava muito com a situação daquela pessoa, pois acreditava que ele dependia de mim, e também sentia muita dor por ter que romper os profundos laços afetivos que havia criado com os familiares e amigos do meu ex-cônjuge.

É extremamente doloroso causar sofrimento a tanta gente e, acredite, por esse motivo eu quis mudar de ideia várias vezes. A questão é que eu precisava escolher entre o sofrimento deles e o meu próprio, e eu tinha dado a mim mesma a minha palavra de que eu me faria muito feliz.

Foi necessária muita coragem para seguir em frente com a minha decisão, vendo tantas pessoas sofrendo à minha volta. Mas, nesse processo, eu aprendi que não existe nada de nobre em evitar o sofrimento das pessoas à custa da sua própria dor. Aprendi também que, quando as pessoas querem o seu bem, elas respeitam a sua decisão e até admiram o seu comprometimento consigo mesma. Por outro lado, quando elas não estão bem com elas próprias, nunca entenderão os seus motivos, nem tentarão entender, mas isso não diz mais respeito a você.

Essa história teve muitas outras nuances e outros desdobramentos, mas espero que você entenda que, por respeito a todos os envolvidos e também para não tornar esse capítulo uma autobiografia de milhares de páginas, vou me limitar a dizer o que precisa ser dito sobre esse difícil processo de separação.

E então eu segui o meu caminho. "Felicidade é uma utopia" — foi o que ouvi da minha própria mãe, quando comuniquei a ela minha decisão. Mas não importava o que me dissessem, eu não desistiria e levaria até as últimas consequências a minha determinação de encontrar essa tal felicidade (que talvez nem existisse), pois, pela primeira vez na vida, eu sentia que merecia ser feliz.

Foi um ato de coragem. Claro que todas as minhas células berravam de medo, mas, como aprendi em um dos livros do mestre zen Osho: coragem não é a ausência de medo, coragem é agir *apesar* do medo.

Metade de mim era medo, a outra metade também, mas ainda mais forte que as duas metades juntas era a minha vontade de ser inteiramente feliz e de construir uma vida nova, que pudesse chamar de minha.

Reuni rapidamente algumas coisas em uma mala pesada e saí. Carregando aquela mala pelo corredor, avistei o portão que dava para a rua. Para tentar estancar o choro daquele momento de medo, incerteza e dor, ergui minha cabeça e olhei para o céu. As lágrimas transformavam aquele exuberante azul em um imenso borrão, mas em nada diminuíam sua imensidão e majestade. Lembrei-me de Deus. Em pensamento, eu Lhe disse: "Meu Deus, se eu chegar com vida até aquele portão, tudo isso terá valido a pena."

Sim, eu cheguei até o portão. E, do outro lado dele, uma nova vida estava à minha espera: a minha vida. Eu não fazia ideia do que essa nova realidade guardava para mim.

Não foi um processo fácil. Ah, não foi mesmo! Apesar de ter recebido todo o acompanhamento psicológico necessário e de ter aquele desejo absurdo de ser feliz, a minha reconstrução após a separação não foi nada simples. A minha autoestima sem dúvida havia renascido dentro de mim, mas ela ainda era apenas um brotinho e não estava blindada a ponto de me impedir de cometer muitos erros e de temer aquele universo completamente desconhecido que se revelava diante dos meus olhos.

Eu me envolvi com pessoas erradas, pois ainda sentia um pouco daquele desespero para me sentir amada. Fiz coisas que não gostaria apenas para agradar outras pessoas ou por medo do que elas pensariam de mim. E também repeti padrões de abusividade e entrei em outro relacionamento amoroso quando ainda não estava pronta.

Mas nem tudo foram erros. Eu me esforcei muito para me adaptar à nova realidade, corri atrás de algumas amizades antigas, construí novas amizades incríveis. Reencontrei dentro de mim a força para superar enormes desafios da vida nova e até mesmo alguns que me causavam pânico desde sempre, como o medo de dirigir, por exemplo.

A superação do meu medo de dirigir foi algo tão emblemático em minha vida que merece um pequeno parágrafo (ou dois!) só para ela.

Eu havia tirado minha carteira de motorista cinco anos antes. E, durante todo aquele tempo, eu era dominada pelo medo de me sentar no banco do motorista e conduzir o meu carro. Será que aquilo era uma representação do mesmo medo e da mesma inabilidade de conduzir a minha própria vida? Talvez. O importante é que essa nova mulher corajosa e líder de si estava reassumindo a direção e não havia mais espaço para o medo de dirigir — fosse o carro ou a própria vida. Eu suava frio e tremia muito, mas falei para mim mesma que, se eu era capaz de fazer tudo o que estava fazendo, criando uma nova realidade, eu era forte o bastante para superar aquela limitação. E assim, mais uma vez, acessei minha força interior, entrei no carro e venci o medo de dirigir.

Assim como toda superação, aquele foi um processo desafiador, que exigiu força, coragem e perseverança. Hoje eu adoro dirigir e, toda vez em que me sento no banco do motorista, me sinto uma mulher forte, vitoriosa e com a sensação de que posso vencer qualquer desafio e fazer qualquer coisa em minha vida.

Cada nova conquista, pequena ou grande, só fazia aumentar minha autoconfiança. Eu aprendi a ser independente e a ter força para romper com todos os relacionamentos que me faziam sofrer, fossem amorosos, de amizade, familiares ou profissionais. Aprendi também a cuidar muito bem de mim mesma e me permitir sonhar cada vez mais alto.

Com o passar do tempo, e em um processo meio intuitivo, atabalhoado e sem muita direção, fui intensificando mais e mais a minha autoestima e o meu senso de valor pessoal. Reconectei-me plenamente com a minha essência, passei a fazer mais das coisas que eu gostava. Fiz as pazes com a minha aparência, assumindo para o mundo quem eu era de verdade, tanto externa quanto internamente, e decidi que não entraria em nenhum relacionamento amoroso em que não houvesse uma troca justa. Nada mais de buscar alguém que me completasse. Pela primeira vez na minha vida eu havia decidido ser inteira sozinha, para só então poder compartilhar o melhor de mim com outra pessoa.

Eu estava muito mais madura, fortalecida e sentindo cada vez mais amor por aquela pessoa incrível que eu era. Pouco a pouco, tijolo a tijolo, e sobre uma base de muito amor-próprio, a minha vida dos sonhos foi sendo construída.

Já não havia quase mais nenhum resquício daquela menina frágil que não se sentia boa o bastante nem merecedora de amor. Eu me sentia incrível, amava a pessoa que havia me tornado e sentia que era merecedora das coisas mais maravilhosas do mundo. Nada mais de receber apenas o que sobrava para mim, eu construía ativamente a minha nova vida, escolhendo o que eu queria, de acordo com o que eu merecia.

E, por falar nisso, tenho uma história engraçada para contar. Havia um homem no meu trabalho que eu admirava, achava atraente e interessante. Um dia descobri que ele estava solteiro e decidi tomar a iniciativa. Fui lá na sala onde ele trabalhava, bati na porta, assim na cara de pau mesmo, sem nem inventar uma desculpa e falei: "Oi, tudo bem? Quanto tempo que eu não te vejo! Como estão as coisas?" Assim começamos a conversar sobre diversos assuntos. Papo vai, papo vem e, na hora de me despedir, eu ainda disse: "Anota aí meu telefone."

A Carol insegura de antes ficaria arrepiada só de imaginar algo parecido com isso. Procurar um cara interessante assim do nada, sem nenhuma desculpa e ainda dar o telefone para ele? Definitivamente seria algo que ela não faria nem em sonho. Talvez em um pesadelo, em que com certeza seria mal interpretada e rotulada como oferecida ou algo do gênero.

Eu gostava muito, e ainda gosto, dessa nova versão de mim — verdadeira, autêntica, autoconfiante e cheia de atitude. Mas você deve estar querendo saber que fim levou essa história, não é mesmo? Eu e aquele "carinha" interessante nos tornamos ótimos amigos. Conversávamos durante horas sobre os mais diversos assuntos e nos divertíamos muito juntos.

Até que decidi entrar em ação novamente e o chamei para sair comigo. Sabe o que ele respondeu? NÃO! Ele disse não! Acredita numa coisa dessas? Ele deu uma desculpa esfarrapada, dizendo que não podia porque precisava estudar. Detalhe: era sábado à noite. Eu fiquei chateada, é claro. Estava esperando que ele fosse aceitar e aquela desculpa foi mais do que um aviso direto de que o interesse não era recíproco. Vida que segue.

No dia seguinte ele me chamou para irmos a um barzinho conversar um pouco. Claro que não fiquei melindrada nem duvidando do meu valor. Eu tinha bastante certeza sobre o meu valor e também sabia que nem todo mundo era obrigado a gostar de mim. Eu tinha um ótimo amigo e estava feliz com isso. Aceitei o seu convite, já esperando que ele fosse me dizer que eu estava confundindo as coisas e que éramos apenas bons amigos.

E eu realmente estava confundindo as coisas. Eu me perdi e me confundi com as histórias que criei quando ele recusou meu convite. O seu "não" foi apenas um "hoje não, mas amanhã eu estou livre". A desculpa não era uma desculpa, era verdade. E o interesse era, sim, recíproco.

E assim eu tive a oportunidade de viver um relacionamento amoroso lindo, com um parceiro incrível. Com ele, reaprendi a namorar sem perder a minha identidade, pude experimentar um amor saudável, maduro e viver um relacionamento amoroso regado a companheirismo, admiração, carinho, cuidado e todos os ingredientes que uma relação saudável deve ter. Eu me casei com o meu melhor amigo e juntos construímos uma linda e divertida história de amor.

Pela primeira vez na minha vida, eu me senti plena em um relacionamento, vivendo de forma inteira e saudável. Eu também estava feliz comigo mesma, reconhecendo e assumindo para o mundo quem eu era, meu potencial, minhas características únicas e me apropriando do meu valor. Minha aparência traduzia a minha individualidade, livre da busca por padrões de beleza, e eu vivia com liberdade a minha beleza única.

Só havia uma área da vida que ainda não ia muito bem: a profissional. Não que as coisas estivessem ruins. Não era isso. Eu era funcionária pública e ocupava uma função de confiança, como assessora de juiz dentro do Tribunal de Justiça de Minas Gerais. Apesar de ter um bom cargo e gostar do trabalho que eu desenvolvia, não me sentia plena e realizada ali. Não sentia que estava deixando a minha marca no mundo.

E, depois de tudo o que eu tinha vivido, da transformação que havia acontecido comigo e da sensação de plenitude e realização que eu já experimentava nas outras áreas da minha vida, não fazia sentido me contentar com um trabalho que, apesar de confortável, não fazia com que eu me sentisse incrível.

Movida pela certeza de que eu era merecedora de uma vida profissional com propósito e realização, dei início a uma nova jornada, agora em busca de um trabalho para chamar de meu. Como eu tinha uma graduação em Direito e já estava havia quase dez anos atuando na área, explorei todas as possibilidades do meio jurídico, mas nenhuma delas fez meu coração bater mais forte.

Então, me abri para outras possibilidades e numa delas encontrei o coaching. Eu fiquei encantada com a forma como eu poderia fazer uma diferença efetiva na vida das pessoas, de uma maneira que ressoava no meu coração e enchia-me de entusiasmo e empolgação.

Fiz uma certificação em coaching, mas ainda não havia definido a área específica em que atuaria. Não sei se você conhece, mas o coaching é um processo de desenvolvimento humano, fincado no autoaprimoramento, visando ao alcance de resultados específicos. Ele possibilita diversas frentes de atuação, como o coaching de vida, de negócios, de carreira, empresarial, vocacional etc.

Durante um dos vários eventos de desenvolvimento pessoal que passei a frequentar, eu contava minha história de vida para alguns amigos e, à medida que mergulhava em minha própria biografia e ouvia as coisas que eu dizia, tive aquele momento de clareza que foi definitivo para identificar o meu propósito: eu seria coach de autoestima.

A autoestima foi a responsável pela grande virada que aconteceu em minha vida. Só sou o que sou hoje graças ao fortalecimento da minha autoestima. Portanto, eu uniria minha vontade de contribuir à minha experiência pessoal e ajudaria as pessoas a reconhecerem seu valor, reconhecerem-se merecedoras de uma vida incrível, encontrando dentro delas próprias a força necessária para construir uma vida autêntica e cheia de realização, exatamente como eu tinha feito.

A partir de então, fiz uma certificação americana, específica em fortalecimento de autoestima para adultos e mergulhei com intensidade no tema, fazendo cursos de especialização dentro e fora do Brasil, além de estudar profundamente o assunto por meio de uma vasta pesquisa bibliográfica e de uma pós-graduação em neurociência e comportamento. O meu trabalho começou a ganhar vida. Atendi várias pessoas, criei minha metodologia, com atividades e ferramentas que desenvolvi para proporcionar uma transformação intensa e duradoura na vida dos meus clientes. Pude expandir minha atuação e o alcance da minha mensagem com a criação de cursos e treinamentos on-line, atingindo pessoas de todos os lugares do Brasil e do mundo.

Eu também me exonerei do cargo público que ocupava para me dedicar integralmente a meu trabalho como coach de autoestima.

Hoje, comparo minha atuação com a de um guia que conduz as pessoas por uma trilha sinuosa e cheia de obstáculos, indicando a elas o melhor caminho a seguir, os atalhos e pontos seguros, para que elas percorram a jornada da forma mais tranquila e segura possível, evitando que caiam, fiquem perdidas ou se machuquem pelo caminho.

Assim como o guia, eu ajudo as pessoas por esse processo de fortalecimento de autoestima, pegando sua mão e as conduzindo por um caminho seguro e confiável, para que elas não precisem cometer os mesmos erros que cometi para viverem a mesma transformação que vivi, o que torna a jornada mais leve, divertida e especial.

Este livro que está em suas mãos é mais um fruto desse trabalho do qual tanto me orgulho, que me traz inúmeras alegrias e que me dá a certeza de que tudo em minha vida valeu a pena e que a plenitude e felicidade que tomavam conta do meu coração transbordaram, para alcançar a vida de um número ainda maior de pessoas em busca de uma vida melhor. Para alcançar você!

E então, vamos juntas nessa linda jornada? Me dê a sua mão e sigamos em frente, porque a sua felicidade não pode mais esperar.

CAPÍTULO 2

Tudo sobre sua autoestima

AUTOESTIMA, A BASE DE TUDO

UMA DAS MAIORES DIFICULDADES PARA SE TRABALHAR A AUTOESTIMA DAS pessoas atualmente é que a grande maioria delas não sabe exatamente o que é isso. Esse conceito ainda está muito associado, no senso comum, à aparência, como se ter autoestima fosse uma questão de se achar bonita ou feia. Isso é um equívoco terrível e também um desserviço ao seu desenvolvimento pessoal, uma vez que impede a real compreensão do que é autoestima, do quanto ela influencia diretamente todas as áreas da vida e, em consequência, impede que você possa agir ativamente para modificar esse cenário.

Vamos deixar essa confusão no passado? Para fazermos um trabalho de reconstrução da sua autoestima, a primeira coisa a ser feita é alinharmos esse conceito tão importante para nós e que será a base de toda nossa conversa neste livro.

Ter uma boa autoestima é saber quem você é de verdade, amando-se e admirando-se por isso. É reconhecer o seu valor diante da vida, confiar em sua capacidade de tomar boas decisões, além de se sentir digna e merecedora de amor, felicidade e sucesso. Esse é o verdadeiro significado de autoestima e ela atua de forma contundente em sua vida, sendo a grande responsável pela forma como você se posiciona no mundo e como constrói a sua realidade.

Toda a sua vida é um desdobramento da forma como você se vê e de como se sente a seu próprio respeito. Quando confia e acredita em si mesma, você se sente capaz de enfrentar os desafios que aparecem no caminho e não desiste enquanto não consegue conquistar o melhor, porque sabe que é isso que merece. Por outro lado, quando não se sente boa o bastante e não confia nas suas capacidades, tende a se sujeitar a várias situações desagradáveis, como permanecer em um relacionamento que não a faz feliz por medo de ficar sozinha, manter-se em um trabalho que não a realiza por medo de não conseguir nada melhor e levar toda a sua vida se contentando com algumas migalhas, em vez de se banquetear da forma como merece.

Eu costumo dizer que buscar uma transformação em qualquer área da vida e começar por qualquer outra coisa que não o fortalecimento da sua autoestima é tão eficaz quanto tentar construir uma casa começando pelo telhado. Você pode até comprar as telhas mais caras, contratar o melhor mestre de obras, mas isso simplesmente não vai se sustentar. O telhado precisa das paredes, que, por sua vez, precisam da fundação, da base. E a base da nossa vida é a autoestima!

Pense comigo: como você vai viver um relacionamento amoroso saudável e feliz, livre de ciúmes e inseguranças, se no fundo não se reconhece merecedora de amor, não enxerga o seu valor e fica se comparando com as outras pessoas, acreditando que elas são melhores e mais interessantes que você?

Como será possível viver uma mudança de carreira, pleitear uma promoção no seu trabalho ou vender seus produtos e serviços se você não se sente boa o bastante, não reconhece o seu potencial, tampouco se sente merecedora de sucesso e reconhecimento?

Consegue perceber como a sua autoestima determina a forma como você atua em todas as áreas da sua vida e, consequentemente, os resultados que obtém? Ainda neste capítulo vou dar mais exemplos práticos, com situações do dia a dia, de como essa influência é mais presente do que você pode imaginar.

Até o final deste livro, você vai perceber que sou a rainha das metáforas e analogias, porque acredito que seja muito mais fácil compreender as coisas tomando por base situações que nos são familiares. Esse recurso também ajuda a fixar melhor o novo conhecimento. Por isso, para falar sobre a influência da autoestima em nossa vida, vou recorrer a um fenômeno do qual acredito que todo mundo já tenha ouvido falar.

As marés dos oceanos são diretamente influenciadas pelas fases da lua. Pergunte a qualquer pescador sobre o assunto e ele saberá dizer com precisão como é o comportamento do mar de acordo com cada fase lunar. E esse fenômeno, apesar de notório, não depende de que você esteja consciente dele para acontecer. Ele simplesmente acontece. Você pode estar sentada no sofá da sua casa, assistindo a um filme na tevê e comendo pipoca, que a lua estará lá, influenciando as marés. O fato de você não estar ciente disso não altera em nada a dinâmica dessa influência.

O mesmo se dá com a influência da autoestima em sua vida. Ela acontece o tempo todo, quer você esteja ou não consciente disso. A grande diferença é que, quando você não tem consciência dessa influência, torna-se prisioneira dela. Quando não sabemos que um problema existe, não há nada que possamos fazer para resolvê-lo, pelo simples fato de ignorarmos a sua existência. Somos obrigadas a aguentar suas consequências, sem fazer nada para solucioná-lo, pois ele está completamente fora do nosso radar. Dessa forma, uma pessoa que ignora o fato de sua baixa autoestima estar influenciando os resultados de sua vida fica totalmente paralisada, sendo obrigada a viver dessa forma, culpando o destino, o azar ou até mesmo as outras pessoas pela sua situação.

Por outro lado, quando ela tem consciência de que algo não vai bem, pode agir ativamente a fim de encontrar a solução. A mesma pessoa com baixa autoestima que está insatisfeita com os seus resultados, ao ter consciência sobre a influência que a autoestima exerce em sua vida e que é a base de tudo, pode agir para cultivar uma maior autovalorização e um maior amor-próprio, para, assim, obter resultados diferentes. Deu para entender?

Então eu a convido a pensar um pouco na sua vida. Em que área as coisas não estão saindo como você gostaria? Em quais situações você desconfia que sua autoestima esteja impactando negativamente os seus resultados?

As queixas mais frequentes que recebo de minhas clientes estão relacionadas à vida amorosa e profissional. Apesar da autoestima atuar em todas as áreas da vida, vou dedicar uma atenção especial a essas duas, pois pode ser que você também esteja passando por questões profissionais ou afetivas e há algumas coisas que precisa saber sobre isso.

Vamos começar pela vida amorosa. Já ouviu aquele famoso ditado "os opostos se atraem"? Como eu adiantei enquanto contava a minha história, quando o assunto é autoestima nos relacionamentos, ocorre justamente o contrário. Ou seja, pessoas com boa autoestima tendem a se sentir atraídas e se relacionar com pessoas de boa autoestima, construindo juntas relacionamentos saudáveis, felizes e maduros. E, por sua vez, pessoas com baixa autoestima tendem a se unir a outras pessoas com baixa autoestima, e assim constroem juntas relacionamentos doentios e disfuncionais (perceba que não uso essas palavras com uma conotação pejorativa, mas apenas para apontar que são dinâmicas de relacionamento que não funcionam bem). Dessa união podem surgir os relacionamentos abusivos.

Relacionamentos abusivos são aqueles em que há presença recorrente de violência em qualquer das suas modalidades. Preciso destacar que a violência não se limita à física, podendo se apresentar também como violência psicológica, moral, sexual ou patrimonial. De um modo geral, essa dinâmica de abusividade é alimentada pela baixa autoestima das pessoas que estão naquela relação. É importante ter essa percepção para compreender que tanto o abusado quanto o abusador (que podem inclusive se alternar nesses papéis), são pessoas que vivem em um estado de sofrimento interior, alimentado pela sensação de insegurança, de não merecimento de amor, entre outras coisas. Portanto, lembre-se de que, como falei antes, não existe a figura de um vilão e de um mocinho sofredor. Ambos estão, de alguma forma, alimentando essa dinâmica e se machucando com ela.

Ter essa consciência também é fundamental para que a pessoa que vive em um relacionamento abusivo possa se libertar de uma vez por todas desse padrão. Caso ela desconheça o que está por trás desse tipo de relacionamento, pode ser que rompa com aquela relação e, em seguida, entre em outra similar, porque não cuidou do problema em sua raiz. Ou seja, não fortaleceu a sua autoestima para ser capaz de reconhecer o seu valor e se sentir merecedora de viver um relacionamento amoroso feliz e, assim, vive repetindo histórias de sofrimento. Foi isso que aconteceu comigo quando rompi o relacionamento abusivo em que vivia, e é o que acontece com a maioria das pessoas. Por isso precisava dar destaque a essa questão, para que você também não cometa esse erro e possa evitar mais sofrimento desnecessário.

Todavia, o sofrimento emocional na vida amorosa de quem tem baixa autoestima não se limita às relações abusivas. É muito comum que a pessoa que não reconhece o seu valor e não se ama profundamente viva atormentada pela insegurança, compare-se a todos ao seu redor, acredite que precisa mudar quem ela é para agradar e conquistar o outro e esteja o tempo todo temendo que o seu parceiro encontre alguém melhor do que ela e a abandone. Essa visão hostil do mundo e das relações, como se fosse uma espécie de jogo de trocas pelo mais interessante, provoca um estado de ansiedade constante, além de ciúmes e desconfianças.

Também pode acontecer de essa pessoa viver em uma relação que não lhe faz bem e na qual não se sinta feliz por medo de ficar sozinha, acreditando que nunca mais encontrará alguém disposto a se relacionar com ela. Outras pessoas atribuem seu valor pessoal ao fato de estarem ou não em um relacionamento, razão pela qual aceitam migalhas e até mesmo se sujeitam a violência, humilhando-se e desrespeitando a si mesmas apenas para estarem em uma relação.

É muito comum também que uma pessoa que não se conhece, não se ama e não cuida de si sinta-se sempre acompanhada por uma sensação de vazio, como se estivesse faltando algo em sua vida, que ela mesma não sabe explicar. Frequentemente, queixa-se de seu parceiro, acreditando que essa sensação de vazio venha do fato de ele não cuidar dela e não se dedicar a ela, não prestar atenção em suas necessidades ou não a valorizar. Na verdade, essa sensação de vazio nada mais do que é a ausência de si mesma. Ela sente falta de si, do seu próprio amor, carinho e cuidado, mas não consegue elaborar isso muito bem e julga que esse sentimento seja fruto do comportamento do outro. Ou então, ela não está em uma relação e pensa que o vazio seja pelo fato de não ter outra pessoa em sua vida, dando a isso o nome de solidão. Faz sentido? Conseguiu se identificar com algum desses cenários?

AUTOESTIMA E VIDA PROFISSIONAL

Outra área em que os impactos da baixa autoestima se fazem sentir é na vida profissional. Esse campo é bastante relevante para a qualidade de vida das pessoas e, quando as coisas não vão bem, causam desequilíbrio em todo o resto, afinal passamos grande parte de nossas vidas trabalhando.

A baixa autoestima a impede de reconhecer o seu valor e seus talentos, além de fazer com que não se sinta confiante nem merecedora de amor, felicidade e sucesso. Por esse motivo, é comum que você não se sinta boa o bastante para sua função, ou que aceite menos do que merece ou gostaria por medo de não dar conta e decepcionar-se consigo mesma. Por exemplo, uma pessoa me confidenciou certa vez que, mesmo tendo curso superior, fez um concurso público de nível fundamental, para receber um salário que nem sequer era suficiente para suprir suas despesas, por medo de não dar conta de passar caso tentasse um cargo melhor.

Sei que esse foi um exemplo um pouco extremo, mas talvez você também esteja deixando de buscar o que deseja de verdade, simplesmente por não conseguir enxergar o seu valor e se apropriar de sua capacidade.

A baixa autoestima também retira a sua voz e a impede de dar sua opinião, de contribuir para o ambiente de trabalho com suas ideias e sugestões, tudo isso por medo de se expor e de receber críticas. É como se fosse mais seguro passar despercebida do que mostrar seu potencial. Claro que assim você também deixa de concorrer a melhorias e promoções, afinal, seus superiores desconhecem o seu valor e a sua capacidade. E sabe o que é pior? É provável que você veja pessoas que não têm o seu conhecimento e a sua capacidade progredindo na carreira, enquanto você permanece estagnada, apenas porque elas são mais seguras, comunicativas e participativas.

Talvez você não tenha certeza sobre suas escolhas profissionais, não se sinta convicta em relação ao caminho que escolheu, ou até tenha certeza de que esse caminho não a faz feliz, mas nem cogita uma mudança de carreira. A baixa autoestima lhe diz que você não vai dar conta de fazer uma coisa dessas, que as pessoas vão criticá-la muito e que você não tem mais idade para isso. Já deu para perceber qual é a da baixa autoestima, não é mesmo? Ela apenas faz você se sentir mal e não a encoraja a mudar. Muito pelo contrário, ela aproveita todas as chances que tem para fazer com que se sinta mal a seu respeito e retira todas as suas oportunidades de agir de modo diferente para construir uma realidade melhor para sua vida.

Existe um fenômeno muito comum que atinge 70% das pessoas, principalmente as mulheres: a síndrome do impostor. Essa síndrome faz com que você se sinta uma grande fraude e não consiga reconhecer o mérito próprio em suas conquistas e realizações. Você acredita que tudo se deve a um golpe de sorte, que as pessoas têm uma visão equivocada sobre você e que superestimam suas capacidades.

Ter a síndrome do impostor é conviver com um estado constante de ansiedade, como se estivesse sempre correndo o risco de ser desmascarada e de as pessoas perceberem que estavam enganadas a seu respeito. Você se lembra da sua infância, quando você aprontou alguma travessura e tentou escondê-la da sua mãe? Sempre que ela dizia o seu nome, chegava a dar um frio na barriga e você pensava: "Putz, é agora. Fui descoberta." Mas ela só a estava chamando para almoçar. Então você respirava aliviada, porém, esse alívio durava apenas alguns minutos, até ela falar alguma coisa novamente, trazendo de volta todo o medo de ser descoberta e o pensamento de: "Eu escapei daquela vez, mas agora ela descobriu e vai brigar comigo." É mais ou menos assim que se sente uma pessoa com síndrome do impostor, acreditando que a qualquer momento as pessoas vão descobrir a "verdade" sobre ela, causando-lhe constrangimento, exposição e vergonha.

Como eu disse, esse fenômeno é muito comum, mas a vasta maioria ainda o desconhece. Até mesmo algumas personalidades famosas já vieram a público admitir que sofrem com a síndrome do impostor, na tentativa de conscientizar as pessoas sobre o assunto.

Além do estado de angústia e ansiedade que já mencionei, há outros tipos de consequências comportamentais que a síndrome do impostor pode provocar. Uma delas é o excesso de trabalho. Na tentativa de suprir uma falha que acredita ter e atender às expectativas dos outros, você pode tender a trabalhar de forma compulsiva, sempre movida pela crença de não ser boa o bastante e pela necessidade de provar seu valor, podendo se tornar uma *workaholic* (pessoa viciada em trabalho), e até provocando danos a sua saúde por isso. Outro comportamento igualmente comum é a prática de atos de autossabotagem, com o intuito de mostrar para as pessoas que elas de fato estão enganadas a seu respeito e poder enfim se libertar da pressão das expectativas que considera irreais. Lembra do que falei sobre você querendo esconder alguma coisa da sua mãe? Seria como se você deixasse escapar alguma coisa que fizesse sua mãe descobrir sua travessura. Ela brigaria com você e isso seria ruim na hora, mas você se sentiria aliviada por não precisar mais esconder e poder brincar livremente de novo. É mais ou menos assim que a autossabotagem funciona.

AUTOSSABOTAGEM

Vamos falar mais um pouco sobre isso? A autossabotagem é presença garantida na vida de quase todo mundo (ela pode estar acontecendo com você agora mesmo), e uma de suas causas é a baixa autoestima.

A autossabotagem acontece sempre que você pratica atos, consciente ou inconscientemente, que a afastam dos seus objetivos de vida. Eu chamo isso de você entrando na sua própria frente para se atrapalhar. Mas o que a autoestima tem a ver com isso?

A sua mente se divide em consciente (cerca de 10%) e inconsciente (90%). Dessa forma, conscientemente você deseja uma promoção, ou um relacionamento amoroso saudável e feliz, por exemplo. Mas, inconscientemente, você não se sente boa o bastante nem merecedora dessas coisas. Aí tem início um verdadeiro cabo de guerra interior, em que o consciente puxa para um lado, e o inconsciente, para o outro. Só que essa disputa é meio injusta, pois, como você viu, a proporção dos dois é bem diferente. Adivinhe quem vai ganhar essa batalha? O inconsciente, é claro! E é aí que os atos de autossabotagem acontecem.

Você deseja muito uma coisa e acredita que está comprometida com aquele resultado, mas, inconscientemente, não se reconhece merecedora, logo seria uma enorme contradição conquistar algo que não merece. Você também pode não se sentir capaz de atingir aquela conquista e um alarme interno começa a disparar, alertando-a sobre os perigos de se frustrar e se machucar ao buscar algo que ultrapasse suas possibilidades. Dessa forma, você começa a ter atitudes que vão afastá-la daquele objetivo. Por exemplo, você pode se esquecer de entregar um relatório no trabalho, desativar o despertador sem perceber e, por isso, atrasar-se com frequência e obter uma avaliação ruim, procrastinar e deixar tudo para a última hora, fazendo as coisas de qualquer jeito e tendo resultados insatisfatórios, faltar às aulas e pegar no sono quando está estudando para um concurso público, ou então sempre se sentir atraída por pessoas que reforcem o padrão de sofrimento nos relacionamentos amorosos. Deu para entender como essa dinâmica funciona?

Os atos de autossabotagem acontecem com muita frequência e atingem não só a vida amorosa e profissional, mas todos os aspectos de sua vida, passando por amizades e relações familiares, por sua saúde, com um possível descuido com o seu físico ou escolhas alimentares erradas, e também por suas finanças, com descontrole de gastos e investimentos que trazem prejuízo. Enfim, existe uma série de possibilidades de comportamentos de autossabotagem e isso vai variar de acordo com a realidade de cada pessoa.

Para se libertar da autossabotagem, é preciso que o consciente e o inconsciente falem a mesma língua, ou seja, que ambos trabalhem juntos visando a um resultado comum e percebendo que você é, sim, merecedora e capaz das conquistas que deseja. Isso acontecerá naturalmente quando você fortalecer a sua autoestima.

SINAIS DE BAIXA AUTOESTIMA

Sei que até o momento falei muito sobre relacionamentos amorosos e profissão, mas a influência da autoestima em sua vida se estende por todas as áreas e se manifesta de inúmeras formas.

Listarei aqui alguns comportamentos que se fazem presentes na vida de muitas pessoas, e, de tão comuns, são encarados com certa naturalidade, mas que muitas vezes são reflexos de uma baixa autoestima:

- Medo do que as pessoas vão pensar;
- Dificuldade de dizer não;
- Não saber quem você é nem do que gosta;
- Constante sentimento de culpa;
- Hábitos compulsivos, como comida, bebida, drogas, sexo, compras etc.;
- Ciúmes e insegurança nos relacionamentos;
- Não conseguir concluir as coisas que começa;
- Uma sensação de vazio inexplicável, como se estivesse faltando algo em sua vida que você não sabe bem o que é;
- Sentir-se mal na sua própria companhia;
- Não conseguir enxergar suas qualidades, focando-se apenas nos seus defeitos;
- Comparação com outras pessoas;
- Dificuldade em receber elogios;
- Sentir-se deslocada em alguns ambientes, como se não pertencesse ou não fosse bem-vinda ali;
- Vitimização e mania de perseguição, acreditando que as pessoas estão contra você e que tudo de ruim sempre lhe acontece;
- Procrastinação;
- Não se priorizar, deixando-se sempre em segundo plano;
- Passar por cima de suas vontades e limites para agradar o outro;
- Ser muito dura consigo mesma e se cobrar em excesso.

Mais uma vez eu repito: esses são apenas alguns exemplos que acontecem de forma rotineira na vida de muitas pessoas, mas não são os únicos comportamentos relacionados à baixa autoestima. Isso pode variar de acordo com cada um.

COMO SE FORMA A AUTOESTIMA DE UMA PESSOA

Já que estamos alinhando tudo para começar do jeito certo, acredito que seja importante falar sobre como tudo isso começou. A autoestima de uma pessoa é formada, basicamente, na infância, sendo moldada de acordo com o universo em que a criança está inserida. Tudo o que acontece ao redor da criança, mesmo que não seja algo especificamente relacionado a ela, contribui para a formação de seu autoconceito e do seu senso de valor diante da vida.

Os adultos com quem ela convive têm um importante papel nesse processo. A forma como se relacionam com ela e também uns com os outros e com eles próprios causa impacto naquela criança. Ou seja, a atenção que dedicam a ela e a forma como se comunicam com ela contribuirão para a formação do modo como aquele pequeno ser em desenvolvimento se percebe no mundo. Por outro lado, o nível de relacionamento que os adultos mantêm entre si e a própria autoestima daquelas figuras de autoridade são tomados como exemplo pela criança, que se espelhará no que vê e sente no ambiente ao seu redor.

E o mais interessante (e também um pouco assustador) desse processo é que o que impacta a autoestima da criança não são os fatos em si, mas a interpretação que ela dá a eles, de acordo com sua lógica infantil e autocentrada, tão diferente da racionalidade de um adulto. Por exemplo, uma criança que perde os pais em um acidente de carro talvez não encare aquele evento como uma fatalidade. Ela pode muito bem, com sua interpretação infantil, entender que não é merecedora de amor e se perceber como uma pessoa tão indigna que os próprios pais a abandonaram por não terem sido capazes de amá-la, o que faz com que ela carregue essa sensação de indignidade e não merecimento por toda a sua vida. Consegue compreender a complexidade disso?

Por esse motivo, diálogo, acolhimento, palavras de carinho e reforço positivo são tão importantes nessa fase da vida. Infelizmente, a maioria das pessoas ainda não têm essa consciência e, mesmo com a intenção sincera de proporcionar o melhor desenvolvimento para uma criança, acabam criando um ambiente hostil e prejudicial para a formação de sua autoestima.

O ambiente e os comportamentos a que fomos submetidos na infância seguem nos acompanhando pela vida adulta. Um exemplo deles é a comparação.

Quantas vezes na sua infância você foi ou viu alguém ser comparado com a irmã, o primo ou a filha da vizinha? "Por que você não é como o seu irmão?" "Olha lá, a filha da Joana não faz bagunça e tira nota boa na escola. Olha como é ela uma boa menina."

Frases como essas, mesmo quando usadas com boas intenções, apenas reforçam na criança a sensação de que ela não é boa o bastante e que, para ser amada e valorizada, precisa abandonar sua individualidade e buscar ser mais como as outras pessoas. Com isso, ela é desestimulada a se reconhecer especial e naturalmente digna de amor, sendo incentivada a atrelar o seu valor a circunstâncias externas, buscando sempre o outro como referencial e afastando-se cada vez mais de si mesma.

E quando a comparação é usada para ressaltar as características positivas da criança, será que desse jeito pode? A resposta é não! Mesmo que o intuito seja o de fazer um reforço positivo, a comparação enfraquece a autoconfiança, pois a lógica de buscar a valorização com base em elementos externos é a mesma.

Existe outro comportamento que acompanha muitos de nós, que é acreditar que o que tem valor é apenas o resultado. Não importa quanto esforço você tenha dedicado no processo, se o resultado não foi como esperado, você sofre e até mesmo desiste de tentar de novo. Pois é, isso também pode ter origem nos nossos aprendizados da infância.

O diálogo atencioso e o reforço positivo são imprescindíveis para que a criança venha a se tornar um adulto autoconfiante. O reconhecimento e a valorização dos seus esforços, independentemente dos resultados obtidos faz com que ela se sinta fortalecida e motivada a persistir e continuar dando o seu melhor, mesmo quando os resultados são diferentes do esperado. Por exemplo, em uma competição esportiva, independentemente da vitória ou derrota, o que deve ser ressaltado é o quanto o adulto está feliz com aquela criança, porque ela deu o melhor de si, e isso é o que importa.

Quando, ao contrário, o adulto valoriza apenas a vitória e se aborrece com uma eventual derrota, a criança entende que ela só será amada se ganhar, transformando uma prática esportiva saudável em uma fonte de ansiedade e angústia, além de minar sua autoconfiança, pois ela aprenderá a valorizar apenas os resultados, em vez dos esforços envidados na atividade. Entendeu agora de onde surgiu esse seu pensamento atual?

Todos sabemos que nem sempre as coisas saem conforme o planejado, e alguém que aprende a vincular o seu valor aos resultados obtidos sofre muito com as incertezas e com os imprevistos a que todos estamos sujeitos. Ao contrário, quando se aprende a valorizar os esforços, a pessoa tem a clareza de que não importa o que aconteça, ela sempre dará o seu melhor e se sentirá capaz e confiante para enfrentar todos os desafios que eventualmente surgirem pelo caminho.

Os elogios também devem ser utilizados com parcimônia, pois, quando feitos de forma errada, são tão prejudiciais quanto a crítica imprópria. Uma criança elogiada em demasia e de forma desproporcional tende a se tornar ansiosa e dependente de aprovação externa. Ela não será capaz de avaliar e reconhecer por si só seus atos, sentindo uma necessidade constante de reconhecimento externo, em um ciclo vicioso que parece nunca ter fim.

O QUE FAZER, ENTÃO?

O ambiente ideal para o desenvolvimento de uma boa autoestima na criança é aquele em que ela é reconhecida, respeitada e estimulada a ter autonomia. Adultos que conversam de forma afetuosa e respeitosa com uma criança reforçam a ideia de que ela é importante, de que sua vontade e opinião contam. A criança se sente parte do ambiente, sente-se visível e valorizada. Ela também aprende a ter autorresponsabilidade e autorrespeito, que são fundamentais para uma boa autoestima.

Por outro lado, um ambiente em que a criança é desrespeitada, ignorada, tratada com rigidez excessiva ou então superprotegida é extremamente prejudicial para a sua autoestima, por ser capaz de reforçar a ideia de que ela não é importante, não merece atenção, é inadequada ou incapaz de lidar com sua própria vida.

Claro que não são apenas os adultos que influenciam na formação da autoimagem da criança. As experiências que ela tem com as outras crianças também são muito impactantes na maneira como percebe a si própria. Hoje é notório o aumento da preocupação e do número de ações para reduzir os episódios de *bullying* (ocasião em que alguns jovens colocam outros em situações humilhantes e vexatórias, buscando diversão com esse tipo de comportamento). Apesar das tentativas para desestimular essa prática, ela ainda é bastante recorrente e muito perigosa por ser capaz, não só de destruir a autoestima de uma criança, mas até mesmo de afetar seu desenvolvimento neurológico, como apontou um estudo realizado pela universidade londrina King's College*.[1] Acredito que a maioria de nós, para não dizer todos, já presenciou ou esteve envolvido em situações desse tipo.

Como relatei ao compartilhar com você um pouco da minha história, eu vivi vários episódios de *bullying* na infância e eles foram muito marcantes e decisivos no processo de formação da minha autoestima. Esses eventos foram agravados pelo fato de na minha casa não haver diálogo sobre isso ou qualquer outro tipo de abordagem que pudesse me fazer entender que não havia nada de errado comigo.

Mais uma vez, o ambiente doméstico tem um papel importante. Conheço inúmeros casos de pessoas cuja autoestima passou ilesa aos episódios de *bullying* na infância. Com o apoio dos pais e demais figuras de autoridade, essas pessoas foram capazes de combater os danos que poderiam surgir de um ambiente de hostilidade infantil.

Para finalizar o assunto dos fatores que influenciam a formação da autoestima das crianças, quero falar sobre algo muito importante e de muito peso nesse processo, que é a autoestima dos adultos com quem a criança convive.

Sei que em um primeiro momento isso pode parecer estranho, pois, em uma análise rápida, é comum que a gente acredite que a autoestima de uma pessoa é algo que se limite ao seu mundo interior, não fazendo sentido que isso seja capaz de afetar a formação da autoestima de uma criança com quem conviva. Por isso quero convidar você a olhar com mais atenção para esse cenário, para que possa compreender a sua relevância.

O mundo exterior de uma pessoa é o reflexo de seu mundo interior. Suas atitudes, seus pensamentos, sentimentos, comportamentos e suas crenças são influenciados pela forma como essa pessoa se percebe, por sua autoconfiança e sensação de merecimento e de valor diante da vida. Mesmo que nenhuma palavra seja dita sobre o assunto, apenas pelas atitudes de uma pessoa é possível identificar a situação de sua autoestima.

Os adultos com os quais uma criança convive são os seus maiores exemplos, são os seus heróis, e ela tende a absorver e repetir suas atitudes, suas crenças e seus pensamentos. Portanto, se uma criança vê o

---

1 https://www.kcl.ac.uk/archive/news/ioppn/records/2018/december/how-bullying-affects-the-brain

seu herói agindo de uma forma autodestrutiva, dizendo coisas autodepreciativas, não confiando em si mesmo, tendo atitudes desrespeitosas para consigo, dizendo "sim" para todos e anulando a si próprio, quais os tipos de comportamento que você acha que essa criança vai adotar em sua própria vida? Ela muito provavelmente vai repetir todas essas condutas e pode até mesmo reviver as mesmas histórias que suas figuras de autoridade vivenciaram.

Em vários estudos que fiz sobre relacionamentos abusivos e violência doméstica, eu me deparei com estatísticas que demonstravam que a violência doméstica se perpetua como reflexo dos cenários em que aquelas pessoas viviam dentro de seus próprios lares. A criança enxergava aquilo tudo como sendo natural e o único caminho a seguir. E advinha? Ela seguia o mesmo caminho em sua vida adulta, permanecendo presa ao padrão de violência que presenciou em seu ambiente familiar.

O comportamento de suas figuras de autoridade é um dos maiores professores que alguém pode ter, pois ele está diante de exemplos vivos do que precisa aprender. O que me faz lembrar de uma citação de Ralph Waldo Emerson: "Suas atitudes falam tão alto que não consigo ouvir o que você diz."

Não adianta uma criança ouvir palavras de reforço positivo, quando as atitudes que ela presencia em seu cotidiano lhe dizem justamente o contrário. Por esse motivo eu sempre me sinto muito grata quando deparo com pessoas comprometidas com seu desenvolvimento pessoal, porque, quando alguém se dedica a se tornar uma pessoa melhor, também está contribuindo para a criação de um mundo melhor. Os benefícios desse comportamento não se limitam à pessoa que os pratica, pois inspiram e contagiam também as pessoas que convivem com ela. Tem início uma verdadeira corrente do bem, em que cada um, ao cuidar de si, dá exemplos poderosos capazes de estender, indiretamente, essa transformação a um sem-número de pessoas.

É importante deixar claro que a lista de fatores que influenciam a formação da autoestima de uma pessoa é muito mais extensa do que os exemplos que dei aqui. Minha intenção não é escrever um manual sobre educação infantil, tampouco esgotar o tema, até mesmo porque nem sei se isso seria possível. O intuito aqui é conscientizar você sobre o processo por meio do qual a sua autoestima foi construída. Com essa compreensão, você se torna capaz de mergulhar em sua biografia para identificar os pontos mais relevantes para você, bem como os episódios que ainda precisam do seu carinho, cuidado e talvez até mesmo de um acompanhamento psicológico para cicatrizar algumas feridas que ainda possam estar abertas. A consciência sobre esse processo também lhe permite adotar novas atitudes diante das crianças com quem você convive ou venha a conviver um dia, para que elas possam criar para suas vidas histórias diferentes daquelas que a gente viveu.

E se você se reconheceu em algum dos cenários que descrevi até agora e acredita que, por ter vivido em um ambiente desfavorável ao fortalecimento da sua autoestima, você é um caso perdido, muita calma nessa hora! A primeira coisa que quero que saiba é que você não está sozinha. A maioria de nós (inclusive eu e quase todas as pessoas que já atendi até hoje) passa pelo mesmo tipo de situação e não teve uma boa formação da autoestima.

A segunda coisa, e a melhor notícia, é que não importa o que tenha acontecido e como você tenha formado a sua autoestima na infância, sempre é tempo de transformar isso. A autoestima não é rígida. A forma como ela se desenvolve não é, necessariamente, uma sentença de como você viverá por toda a sua vida.

A autoestima é fluida e mutável. Você pode ter uma baixa autoestima formada na infância e transformar isso na vida adulta. E é justamente este o objetivo deste livro. Você já está no caminho e, até o final da leitura, terá sido capaz de dar passos consideráveis nessa linda caminhada de acolhimento, autoaceitação e fortalecimento da sua autoestima.

O contrário também pode acontecer. Uma pessoa pode ter uma boa autoestima formada em sua infância, mas não a cultivar ao longo da vida, o que resulta em uma baixa autoestima na idade adulta.

O cuidado com a manutenção da sua autoestima e de sua autoconfiança é algo que deve ser levado por toda a vida. Pense que é como se fosse uma plantinha. Você cuida com carinho de todos os detalhes: escolhe a semente, prepara a terra, cultiva, rega e controla as condições de temperatura e exposição ao sol. Então a sementinha começa a reagir, dá o primeiro brotinho, e você continua cuidando dela. Em seguida ela cresce, cria uma folhagem verdinha e aparece o primeiro botão de flor. Toda sua atenção resultou em uma linda flor. Você a admira e se sente encantada com sua beleza e seu perfume. Trabalho feito, você deixa a plantinha ali e nunca mais olha para ela, nunca mais coloca água, nem cuida da terra. O que acha que vai acontecer? A plantinha vai murchar, as ervas daninhas vão tomando conta e, quando você perceber, a plantinha terá morrido e só lhe restará um vaso cheio de terra e pragas. A sua plantinha precisa de cuidado e atenção para sempre. Claro que o grau de dedicação e esforço será maior no começo do que com os cuidados de manutenção, mas você precisa continuar cuidando dela.

O mesmo acontece com a sua autoestima. Você precisa permanecer atenta e cuidando de si, mesmo quando lhe parecer que todo o trabalho já tenha sido feito. Lembre-se de que, assim como a plantinha, os cuidados com a manutenção de uma boa autoestima são relativamente mais simples do que o início da jornada de reconstrução, mas, sempre que você se abandonar no caminho, será necessário um novo recomeço, com dedicação de esforço, tempo, energia e dinheiro.

E para podermos começar com tudo, quero lhe contar sobre os três Cs que nos acompanharão nesse processo de fortalecimento da autoestima:

- Consciência;
- Comprometimento;
- Consistência.

Ter a *consciência* de que as coisas não vão bem e do que precisa ser feito para modificá-las é o que vai libertar você do cenário atual e permitirá que vivencie uma nova realidade. O *comprometimento* com a sua transformação é o que vai fazer com que se dedique ao processo, cumprindo todas as etapas com dedicação e afinco. E a *consistência* é a responsável por você continuar fazendo o que precisa ser feito, regando e cultivando a sua plantinha – ops, a sua autoestima – e experimentando os benefícios disso de forma sustentável em sua vida.

Você está no caminho certo. Eu estou muito orgulhosa de você e ainda temos muitas coisas pela frente. Vamos lá?

CAPÍTULO 3

Desvendando os mitos que a afastam de uma autoestima saudável

AGORA QUE JÁ DEU PARA TER UMA IDEIA SOBRE O QUANTO A AUTOESTIMA impacta a sua vida como um todo, acredito que você possa estar se perguntando o porquê de esse tema ser tão pouco abordado e de não ver todo mundo sair correndo para fortalecer sua autoestima.

A grande questão é que, de modo geral, esse assunto ainda permanece em segundo plano na vida das pessoas, além de ser vítima de muita confusão e desconhecimento, como já vimos. Para agravar o cenário, existem alguns mitos em torno da autoestima, pensamentos equivocados que dificultam ainda mais o processo de conscientização e autovalorização.

As pessoas têm ideias erradas sobre o processo de se conhecerem e se amarem de verdade, o que faz com que se afastem ainda mais de si mesmas, perpetuando um ciclo de autoabandono e falta de amor-próprio. E a propagação dessas ideias acontece pelos pensamentos do senso comum, que geralmente escutamos com frequência em nossas vidas cotidianas.

Por esse motivo, o nosso trabalho de conscientização continua. (Olha o primeiro dos 3 Cs aí!) Vamos agora desconstruir alguns dos mitos mais difundidos sobre autoestima, jogando luz em questões que, de tão antigas, já são aceitas naturalmente e sem nenhum questionamento no nosso dia a dia.

Tenho certeza de que você vai se surpreender ao ver muitas das coisas em que acredita sendo desmistificadas. E, acredite em mim, isso é muito importante, porque continuar acreditando nisso só impediria você de se tornar a pessoa segura e autoconfiante que deseja ser.

MITO: AUTOESTIMA É GOSTAR DA SUA APARÊNCIA

Sei que já falamos sobre isso por aqui, quando eu trouxe a definição de autoestima. Mas essa é uma ideia tão batida e amplamente difundida pelo senso comum, que me consideraria um pouco negligente se não retomasse esse assunto de forma mais profunda agora.

A ideia de que ter uma boa autoestima é gostar da sua aparência é tão enraizada em nossa cultura que é difícil encontrar alguém que não pense dessa forma. E não é para menos, essa ideia está estampada em salões de beleza, academias de ginástica, centros de procedimentos estéticos, empresas de cosméticos, entre vários outros setores que focam em cuidados com o corpo e com a aparência.

A aparência também é muito explorada pelas mídias e pelo mercado de consumo, o que faz com que esse mito chegue a se tornar cruel. As pessoas são estimuladas não apenas a se limitarem às suas aparências, como também aprendem a rejeitar seu corpo, sendo massacradas por mensagens de que ele não é perfeito ou bom o bastante. Isso, em um cenário como o atual, de uma humanidade desconectada de si mesma, leva muitos a fazerem verdadeiras loucuras, colocando suas vidas em risco na busca pela aparência perfeita, acreditando que, assim, finalmente se sentirão aceitos e amados.

Só que isso não é verdade. Ainda que atinjam o ideal de perfeição que vivem perseguindo, isso não será suficiente para que se amem e reconheçam o seu valor, porque a autoestima não se limita à aparência. Quer uma prova disso? Quantas pessoas lindas você conhece, mas que não se sentem bonitas, não se amam e vivem insatisfeitas e infelizes consigo mesmas? Posso apostar que conhece muita gente assim e que fica embasbacada com o fato de terem tão baixa autoestima.

A verdade é que desde criança aprendemos a nos identificar com a imagem refletida no espelho. Estamos habituadas a nos definir pelo que vemos ali. Se eu lhe pedisse para dizer agora como você é, tenho certeza de que obteria em resposta adjetivos como: alta, magra, baixa, gorda, bonita, feia etc. A questão é que você é infinitamente mais complexa e profunda do que o comprimento dos seus cabelos, a cor dos seus olhos e o tamanho da sua circunferência abdominal.

Quando se identifica com a sua aparência, você acredita que é somente aquilo que os seus olhos estão vendo. Você se limita pela superfície e deixa de acessar a sua verdadeira essência. Deixa de conhecer quem você é de verdade e de criar um relacionamento profundo e intenso consigo mesma.

Essa limitação à superfície faz com que tenha uma imagem muito rasa de si, mas você não compreende isso e busca se sentir completa, profunda e realizada apenas pela "casca" da sua aparência. Acredita piamente que sua vida mudará quando atingir o peso ideal, que vai se amar mais quando seus cabelos forem da tonalidade desejada e que vai se abrir para o amor quando seu sorriso for perfeitamente alinhado e num tom de branco reluzente. Assim, você inicia uma verdadeira batalha consigo mesma, buscando atingir aquele ideal de perfeição que, na sua cabeça, representará uma vida plena.

A identificação com a aparência é sinônimo de sofrimento.

A aparência é temporária. Como a efemeridade de um instante, a aparência se transforma a cada milésimo de segundo. As células morrem, nascem, morrem novamente, outras aparecem, e assim sucessivamente. Na pele delicada vão surgindo rugas, os cabelos crescem, perdem o corte, fios brancos brotam discretamente (ou nem tão discretamente assim) e todas aquelas certezas que você tinha sobre quem era, o "amor" que nutriu pelo seu reflexo no espelho, tudo isso se dissipa e mais uma vez você dá início à busca pela reconstrução daquela imagem pela qual escolheu se definir.

Quando se identifica com a sua aparência, você se nivela com a superfície, e a superfície está sempre sujeita a intempéries. O oceano, em suas profundezas, está sempre calmo e sereno, não importa o tamanho da tempestade que aconteça lá fora e que forma ondas gigantescas capazes de derrubar sem piedade quem quer que se aventure a tentar se equilibrar na turbulência da superfície.

Quando faço essa comparação, sempre me lembro do relato do casal de mergulhadores que sobreviveu a um tsunami porque estava mergulhando e não foi atingido pelas ondas gigantes. Eles estavam no fundo do mar quando o tsunami aconteceu e disseram que não sentiram nada além de uma pequena correnteza lá embaixo, enquanto, do lado de fora, pessoas, objetos e até mesmo construções eram arrastadas pelas ondas.

Assim como o oceano, você não se limita à sua superfície. Há algo muito mais profundo, pacífico e cheio de verdadeira beleza dentro de você.

Você é mais do que seu corpo, cabelo, pele e olhos. A sua essência tem muito mais beleza a oferecer do que a sua imagem e é somente nas profundezas da sua alma que encontrará a sensação de plenitude que há tempos vem buscando.

A sua aparência não traduz o seu valor. Não há nada físico capaz de exprimir o quanto você é peculiar, única e especial. Não há padrões a serem alcançados, pois não há como padronizar algo que é incomparável e exclusivo, assim como você! (Falaremos mais sobre isso logo adiante.)

A sua autoestima não se limita à sua imagem do espelho, e a aceitação de quem você é definitivamente não será alcançada a partir da modificação da sua aparência.

Deixar de se identificar com sua aparência não significa se tornar uma pessoa descuidada e negligente. Você não deixará de se cuidar, se arrumar e tratar bem o seu físico por isso. Ao contrário, passará a reconhecer o corpo como o templo que abriga a sua essência e cuidará dele com carinho, respeito e gratidão. É possível até que os cuidados sejam ainda maiores e mais genuínos, pois agirá assim por amor e respeito a você, não mais como uma ação em resposta à autorrejeição, na tentativa de se "corrigir".

Ao reconhecer o quanto você é incrível, especial e bela em sua essência, passará a enxergar também a beleza do lado de fora, reconhecendo e valorizando seus traços e suas características que são únicos.

Entre um digitar e outro dessa nossa conversa, paro para apreciar os meus pés. Sim, meus pés. Por quê? Porque eles são a prova mais verdadeira de tudo isso que acabei de escrever. Tenho uma história de autorrejeição muito significativa. Como lhe contei há pouco, eu odiava o meu corpo e a minha aparência, e vivia em uma luta desesperada, tentando modificar minha imagem, o que inclusive me rendeu transtornos alimentares. Hoje isso tudo já está superado e sei apreciar minha verdadeira beleza, me amando e respeitando como um todo, inclusive a minha aparência e os meus pés. Eu calço 39 e todos os meus dedos do pé são tortos, cada um deles aponta para um lado diferente. Eu tinha muita vergonha disso, mas hoje juro que acho fofo. Acho meus pés bonitinhos, engraçadinhos e cheios de personalidade. Ainda não encontrei alguém que concordasse comigo, mas não me importa! Mantenho a minha opinião sobre os meus pés, independentemente do que digam ou pensem deles.

Quando você se reconhece bela nas camadas mais profundas da sua essência, é capaz de perceber essa beleza se refletindo no seu exterior. É muito difícil que você nutra um amor-próprio profundo e genuíno rejeitando a sua aparência. Só que esse processo de aceitação e acolhimento acontece de dentro para fora. Não é a modificação da sua aparência que lhe proporcionará uma boa autoestima, mas uma boa autoestima com certeza culminará no amor e na aceitação da sua aparência.

De agora em diante, ao se aproximar do espelho, não se limite à imagem que ele reflete. Procure olhar dentro dos seus olhos e reconhecer-se pela profundidade da sua essência, em vez da superficialidade da sua aparência. Busque vislumbrar a sua essência, a sua verdadeira beleza, que é muito mais profunda do que os seus olhos podem ver.

MITO: CUIDAR DE SI EM PRIMEIRO LUGAR É EGOÍSMO.

Fale a verdade, você também pensa dessa forma? Também acredita que cuidar de si mesma, priorizando suas necessidades e vontades é um ato de egoísmo? Pois então chegou a hora de deixar essa crença no passado.

Um dos princípios para se ter uma boa autoestima é assumir a liderança da sua vida, chamando para si a responsabilidade de cuidar de si mesma e se priorizar. E não, isso não é ser egoísta.

Em primeiro lugar, saiba que ser egoísta é entender as suas necessidades como mais importantes do que as do outro, ou seja, buscar uma satisfação pessoal a qualquer custo, ainda que isso prejudique outras pessoas. Isso é bem diferente do que estou falando aqui.

O que estou dizendo é que as suas necessidades são tão importantes quanto as do outro e não devem, de forma alguma, ser negligenciadas ou deixadas em segundo lugar por você mesma.

Uma pessoa com boa autoestima compreende que deve priorizar suas necessidades e vontades. Ela se enxerga como a única responsável por isso, deixando de esperar que os outros façam por ela algo que só depende dela própria. Entende também que é a maior responsável por se amar e se cuidar, e que somente agindo assim, ou seja, priorizando a si mesma, será capaz de prestar um auxílio sincero e incondicional para as pessoas ao seu redor.

Ao contrário do egoísta, a pessoa com boa autoestima não menospreza a necessidade do outro. Ela entende e respeita o seu próximo, conseguindo enxergar que ele também tem muito valor diante da vida. Compreende que suas necessidades são importantes e que as dos outros à sua volta também o são, mas sabe que, se não cuidar de si mesma em primeiro lugar, será incapaz de prestar auxílio a quem porventura necessite dela.

Se você já fez uma viagem área (e prestou atenção nos procedimentos de segurança), com certeza já ouviu a seguinte frase: "Em caso de despressurização da aeronave, máscaras de oxigênio cairão automaticamente sobre suas cabeças. Caso esteja acompanhado de alguém que precise da sua ajuda, coloque sua máscara primeiro para, em seguida, ajudá-lo". E sabe por que tem que ser desse jeito? Por uma questão de sobrevivência! Você precisa primeiro garantir que está respirando normalmente para poder ajudar o outro a colocar sua máscara. Caso contrário, os dois ficam sem respirar e desmaiam.

Na vida, as coisas também devem acontecer dessa forma. Para ajudar o outro, você precisa estar inteira. Priorizar suas necessidades e cuidar de si em primeiro lugar não é egoísmo, é questão de sobrevivência emocional. Se não for dessa forma, sua ajuda nunca será genuína e verdadeira. Será sempre um sacrifício, com peso, expectativas, cobranças, além de criar uma grande ferida emocional dentro de você, fruto de um verdadeiro autoabandono.

Continuar acreditando nesse mito, além de afastá-la de uma boa autoestima, também impacta negativamente os seus relacionamentos.

Quando você não se prioriza e não cuida de si, achando que essa seria uma atitude egoísta e que o mais nobre seria se dedicar para cuidar e amar o outro em primeiro lugar, começa a cultivar um vazio interior. Existe algo aí dentro, uma necessidade a ser suprida, mas que está sendo ignorada. Você se dedica a cuidar do outro, mas não existe ninguém olhando para as suas necessidades. Como você se doa primeiro, acaba esperando que o outro aja da mesma forma, ou seja, você cria expectativas sobre o relacionamento, o que traz cobranças e peso para a relação.

Mas o problema não acaba aí. A questão é que, mesmo que o outro se dedique integralmente para satisfazer você, isso nunca será suficiente, pois ninguém será capaz de cumprir uma responsabilidade que é integralmente sua. Dessa forma, o seu vazio interior persiste e você começa a acreditar que o outro não está fazendo o suficiente, que ele não se entrega, ou até mesmo chega a pensar que ele está escondendo alguma coisa. O sentimento de frustração aumenta, fazendo você acreditar que não há reciprocidade no tratamento, que você se dedica integralmente, mas não recebe de volta o mesmo cuidado. A relação fica pesada e desgastada. Isso tudo porque você não cumpriu com a sua parte de cuidar de si mesma em primeiro lugar.

Agora vamos pensar sobre essa mesma situação, por um outro lugar, pelo ponto de vista de uma pessoa que se ama e cuida de si mesma. Ao cultivar o seu amor-próprio e atender às suas necessidades em primeiro lugar, você se sente satisfeita e completa, ou seja, sem nenhum tipo de vazio interior. Também não há espaço nos relacionamentos para a criação de expectativas irreais em relação ao outro, nem para cobranças e para a sensação de falta de reciprocidade. A sua entrega e os seus cuidados são totalmente genuínos, porque sua ação decorre de uma vontade legítima de cuidar e agradar, sem transformar os seus gestos em moeda de troca, esperando algo em retorno.

Quando o seu amor-próprio e autocuidado são abundantes, isso transcende você, banhando todas as suas relações e se estendendo às pessoas à sua volta.

Jesus, em seus ensinamentos, nos disse que era necessário amar o próximo como a nós mesmos. Se você não amar e cuidar de si mesma, como poderá amar e cuidar do próximo? Deixar esse mito para trás vai causar uma transformação na forma como você se relaciona consigo mesma e também com o mundo à sua volta, aumentando o seu nível de satisfação com sua vida e com seus relacionamentos.

MITO: UMA BOA AUTOESTIMA ESTÁ LIGADA A EVENTOS GRANDIOSOS DA VIDA.

Muitas pessoas acreditam que o que impacta a autoestima, positiva ou negativamente, são os eventos grandiosos da vida. De acordo com esse mito, uma promoção no trabalho deixaria você com a autoestima elevada, ao passo em que o término de um relacionamento seria capaz de minar o seu sentimento de valor diante da vida, por exemplo.

Claro que eventos como esses são capazes de impactar sua autoestima, mas isso acontece em uma proporção muito menor do que as pessoas pensam. Os grandes responsáveis pela construção ou destruição da autoestima são as pequenas atitudes que você adota no dia a dia.

Essa frase curta traz duas informações importantes: "pequenas atitudes" e "que você adota". É importante fazer essa divisão para lhe mostrar que a construção ou o enfraquecimento da sua autoestima depende mais de você mesma do que de qualquer outro evento externo, e que são os seus pequenos gestos os verdadeiros protagonistas dessa jornada.

Sabe quando você faz alguma coisa errada e diz para si mesma "Sua burra, você sempre faz besteira"? Ou quando você compra o sabonete mais barato (não o que você queria de verdade) só porque "Ah, é só para mim mesmo"? Ou, ainda, quando não teve coragem de falar "não" para alguém e acabou deixando de fazer alguma coisa importante para você só para agradar o outro?

Essas atitudes, que parecem ser de pouca importância, passam muitas mensagens para você, dizendo que suas vontades não importam, que você não merece o melhor e que é alguém sem valor. São elas que definem a forma como você se enxerga, a importância e o valor que se dá e a maneira como se posiciona diante da vida.

Pequenos gestos como esses são muito mais destrutivos para a sua autoestima do que uma demissão, por exemplo, porque eles estão acontecendo todos os dias, o tempo inteiro.

E a ideia é a mesma no processo de fortalecimento da sua autoestima. São os pequenos gestos que reforçam a ideia de que você é uma pessoa única, especial, capaz e merecedora. Ao reconhecer as suas pequenas conquistas, dizer palavras carinhosas para si mesma, ser gentil e bondosa quando comete um erro e cuidar da sua saúde e alimentação, por exemplo, você está reafirmando o tempo inteiro que tem valor diante da vida e que merece ser amada e tratada com todo o carinho do mundo.

É no dia a dia, quando ninguém está olhando, que você constrói, ou destrói, o seu relacionamento consigo mesma. E, ao cuidar da sua autoestima nas pequenas atitudes, você minimiza consideravelmente os efeitos dos eventos externos. Por exemplo, quando você cultiva uma boa autoestima e autoconfiança, diante de uma eventual demissão, você pode até ficar chateada, mas nunca questiona o seu valor como pessoa, pois tem total consciência da sua capacidade e do seu merecimento, e já se coloca em movimento em busca de um nova oportunidade, em vez de ficar apenas se lamentando pelo ocorrido.

Manter-se atenta e cuidadosa às pequenas coisas, aos pequenos gestos do dia a dia, traz enorme benefícios para a forma como você se percebe diante da vida.

MITO: RECONHECER OS SEUS PONTOS FORTES É FALTA DE HUMILDADE.

Já reparou como é um verdadeiro tabu falar das próprias qualidades? Experimente se reunir com algumas pessoas e começar a falar sobre como você faz alguma coisa bem, sobre como você é uma boa líder ou um boa escritora, por exemplo. Aposto que ficará um clima constrangedor, com todo mundo olhando torto, até que alguém fale em tom jocoso: "E modesta também, né?"

Agora, experimente falar sobre os seus defeitos, nessa mesma situação. As pessoas olham para você admiradas e só faltam ir abraçá-la, enquanto pensam com sinceridade: "Como ela é humilde!"

Essa cena que acabei de relatar é comum na nossa vida cotidiana, mas ela não passa de um comportamento absurdo, fruto desse mito de que reconhecer os seus pontos fortes é sinal de arrogância. A nossa sociedade é praticamente obcecada pelo negativo e por exaltar nossos defeitos e nossas limitações. Aí eu fico me perguntando: "Por que será que temos tantas pessoas com problemas de autoestima, né?" (Muito prazer, essa sou eu em um momento de ironia!)

O foco extremo, quase exclusivo, no negativo é responsável não só pelo baixíssimo nível de autoestima da população de um modo geral, como também é um causador de ansiedade e também do padrão de pensamento negativo, males a cada dia mais frequentes em nossa vida cotidiana.

Qualquer pessoa tem mais pontos positivos do que negativos. Concentrar-se apenas nos negativos, que, repito, são muito menos numerosos que os positivos, não vai ajudar ninguém a evoluir. Não se trata de se tornar vaidosa ou arrogante. Reconhecer e se apropriar dos seus pontos positivos é uma questão de desenvolver um olhar integral, abrangente e verdadeiro sobre quem você é de verdade.

Não há nada de nobre em ignorar sua verdadeira essência e fechar os olhos para o seu próprio brilho, insistindo em se apegar a uma autoimagem negativa e irreal. O mundo não ganha nada com pessoas que só enxergam o negativo em si mesmas. Para contribuir com a evolução do mundo e inspirar e libertar as pessoas do padrão doentio de negatividade que as assombra, você precisa ter a coragem de olhar para si de forma autêntica e verdadeira, reconhecendo e assumindo o seu valor. Só assim você dará passos concretos em direção a uma nova vida repleta de amor, felicidade e positividade, ou seja, a vida que você quer e merece ter.

Quando você cuida de si, se apropria dos seus pontos fortes e se ama de verdade, é capaz de inspirar as pessoas a fazerem o mesmo por elas, provocando uma verdadeira revolução do amor-próprio.

O seu movimento de reconhecimento, apropriação e valorização dos seus pontos fortes não se limita a você, inspirando mais pessoas a agirem da mesma maneira. Isso, sim, é nobre e capaz de promover uma mudança de mentalidade no mundo ao seu redor.

MITO: HÁ UMA IDADE LIMITE PARA FORTALECER A AUTOESTIMA E FAZER SUA VIDA DAR CERTO.

Uma vez fui procurada por uma pessoa que queria passar por um processo de fortalecimento de autoestima comigo. Ela estava aos prantos e desesperada, porque leu em algum lugar que a idade limite para uma pessoa fazer sua vida dar certo é aos 30 anos. Se ela chegasse à marca dos 30 sem ter se estabilizado na vida, isso nunca mais aconteceria. Detalhe: ela já estava com 35.

Dá para compreender o desespero dela, não é mesmo? Essa ideia absurda dizia a ela que já era tarde demais. Desconheço a fonte de onde ela tirou essa informação, nem mesmo sei se era realmente isso que estava escrito onde quer que ela tenha lido, ou se foi apenas uma interpretação que ela fez a partir daquela leitura. Mas uma coisa é certa: esse mito da idade limite é algo em que muita gente ainda acredita.

Na minha jornada como facilitadora da autoestima, já atendi (até a data em que este livro está sendo escrito) pessoas de 18 a 68 anos e a grande maioria delas acreditava que já estavam velhas demais para fortalecer sua autoestima e construir uma nova vida. Aposto que você está rindo ao ler que uma pessoa de 18 ou 22 anos se acha velha demais. Mas é verdade. Eu também me senti assim. Aos 25, eu acreditava que minha vida tinha acabado e que eu tinha desperdiçado a minha chance de ser feliz.

É um absurdo, não é mesmo? Então por que você também pensa isso sobre você? "Ah, é porque comigo é diferente...", talvez esteja pensando agora mesmo. Mas a grande verdade é que não é diferente com você, nem comigo, nem com a pessoa que me procurou aos prantos, nem com ninguém nesse mundo. Sempre é tempo, e o momento perfeito para fazer essa transformação é **agora**.

Não deixe que esse mito tolo limite a sua vida. Não permita que uma ideia absurda roube de você a chance de se amar intensamente e experimentar a felicidade que decorre de uma vida com boa autoestima. Você pode e merece viver essa transformação. E, não importa quanto tempo já tenha se passado até aqui, você ainda consegue ser feliz e construir uma vida maravilhosa para chamar de sua.

De vez em quando aparecem em nossas redes sociais histórias inspiradoras e emocionantes de pessoas que realizaram seus sonhos de se formar na faculdade ou se casar depois dos 90 anos, ou então que transformaram suas vidas e as das pessoas ao seu redor depois de um diagnóstico de câncer e deixaram lindos legados pouco tempo antes de fazerem suas passagens. Se todas essas pessoas, nas condições mais adversas (em teoria), foram capazes, por que você não seria? A única coisa que pode diferenciar você dessas pessoas inspiradoras é o fato de que elas não acreditavam nesse mito e você ainda acredita. Ou melhor, *acreditava*, porque tenho certeza de que, a partir de agora, você escolherá deixar esse mito bobo no passado, para acreditar em uma nova verdade, de que agora é o momento perfeito para viver uma verdadeira revolução interior e navegar rumo à felicidade do amor verdadeiro: o amor-próprio.

MITO: AUTOESTIMA EM EXCESSO TORNA VOCÊ ARROGANTE.

Outra crença comum é a de que autoestima demais é um problema. De acordo com essa crença, haveria um limite saudável para se amar e que, quando extrapolado, se transformaria em arrogância. Bom, se isso fosse verdade, não estaria na seção de mitos, não é mesmo? Mas, por que isso também é uma grande mentira?

Uma pessoa arrogante é aquela que se acha melhor do que as outras. A arrogância não é excesso de autoestima, na verdade, essa característica está relacionada a uma autoimagem deturpada e uma baixa autoestima. Apenas alguém muito desconectado de si mesmo e inconsciente do seu valor tem a necessidade de perceber o outro como inferior, na tentativa de se sentir bem consigo mesmo.

Esse padrão comparativo demonstra uma pessoa em situação de desequilíbrio interior e incapaz de enxergar o seu valor por seus próprios atributos. Ela ainda está presa na armadilha da comparação e mede seu valor diante da vida com base nos elementos externos. Ao contrário de alguém com boa autoestima, que se sente realizado sendo como é, uma pessoa arrogante não consegue enxergar e valorizar seus próprios atributos individuais, sendo necessário colocar o outro em posição de inferioridade para poder se sentir bem a seu próprio respeito, em uma tentativa desesperada (e totalmente fracassada) de se autoafirmar.

Quando conversamos sobre a formação da autoestima de uma pessoa, falei um pouco sobre a comparação. Mais adiante você entenderá de forma mais profunda o quanto esse comportamento é prejudicial para sua autoapreciação, além de ser um indício de baixa autoestima.

Como eu disse anteriormente, uma pessoa com boa autoestima tem plena consciência do seu valor e se sente feliz sendo quem é. Ela sabe que é única no mundo, e também enxerga o valor dos seus semelhantes. O fato de ela se valorizar não exclui o valor do outro. Muito pelo contrário, ela sabe que todas as pessoas são igualmente especiais, merecedoras e dignas de amor, cada uma de um jeito único e peculiar. Não se trata de uma disputa, mas sim de uma coexistência harmoniosa e amplamente valiosa.

Segundo o escritor e psicólogo americano Nathaniel Branden, a autoestima é o sistema imunológico da consciência. Você já viu alguém se queixando que estava saudável demais? Já ouviu alguém dizendo "estou preocupado porque há muito tempo não pego um resfriado. Deve haver algo de errado comigo, pois meu sistema imunológico está muito bom"? Da mesma forma como essas frases soam absurdas, deve soar também a afirmação de que existe excesso de autoestima.

A literatura sobre o assunto já confirmou o quanto uma boa autoestima é essencial para a manutenção do equilíbrio emocional e mental do indivíduo. Uma pessoa com um bom autoconceito, que se ama, confia em si e se respeita tende a ser mais positiva, menos ansiosa e menos propensa à depressão do que pessoas com baixa autoestima.

Uma boa autoestima é o que a prepara para passar de forma equilibrada e harmoniosa pelos desafios da vida a que todos estamos sujeitos. Para mostrar como isso funciona na prática, quero contar a história de duas pessoas que viveram situações muito parecidas em seus relacionamentos amorosos, mas reagiram de forma totalmente distinta, de acordo com a autoestima de cada uma.

Clara vivia um relacionamento amoroso com Pedro havia 9 anos. Depois de todo esse tempo juntos, eles estavam noivos e Clara já estava ansiosa para dar início aos preparativos do casamento. Depois de passar um tempo estranho e afastado emocionalmente, Pedro tomou a decisão de romper o relacionamento, para a surpresa dos amigos e familiares do casal, que não suspeitavam de que algo não estivesse bem entre eles. Foi um verdadeiro choque para todos, inclusive para Clara.

Ela ficou muito abalada, triste e abatida, porque eles estavam juntos havia muito tempo, e Clara não esperava aquele término. Depois de passado o processo de luto pelo fim do relacionamento, Clara seguiu em frente com a sua vida, respeitando a decisão de Pedro, sem rancor ou mágoa. Passado o impacto inicial, ela conseguiu enxergar que, naquelas circunstâncias, o término foi o melhor que podia ter acontecido, porque ela não desejava viver ao lado de uma pessoa que não a amasse de verdade e não tivesse a vontade genuína de compartilhar com ela a caminhada de uma vida a dois. Clara em momento algum questionou o seu valor. Não perguntou o que havia de errado com ela, nem ficou criando fantasias, imaginando se Pedro estaria interessado em outra mulher. Ela reconhecia o seu valor e se percebia merecedora de amor e felicidade, não aceitando para si nada diferente disso.

Em uma situação muito similar, Paula e Cristiano romperam um namoro de 12 anos, que havia começado quando os dois ainda eram adolescentes. A decisão foi de Cristiano, mas Paula não se conformou com a escolha do parceiro. Ela ficou muito triste, o que é normal em toda história de rompimento. A questão é que a tristeza não passou, apenas deu lugar ao inconformismo, à mágoa e à raiva. Em vez de seguir com sua vida, Paula começou a questionar o que havia de errado com ela, quando tinha deixado de ser boa o bastante para Cristiano e o que teria feito seu namorado da adolescência decidir abandoná-la. Tentou desesperadamente reatar o namoro. Ligou para Cristiano e mandou incontáveis mensagens. Chegou até a abordar amigos e familiares dele, para investigar se ele estava com outra pessoa e se esse seria o real motivo do rompimento.

Paula não conseguiu seguir em frente e permaneceu presa àquela história de sofrimento. A história dela é muito parecida com a de milhões de outras pessoas com baixa autoestima, que se deixam definir pelos eventos externos e não conseguem compreender o seu valor diante da vida. Paula não conseguiu se reerguer do impacto emocional daquele rompimento e se entregou ao sofrimento.

A história de Clara ganhou um rumo diferente. Por ser uma pessoa com boa autoestima, ela não se deixou definir pelo acontecimento infeliz e se manteve todo o tempo autoconfiante e consciente do seu valor. Claro que ela sofreu muito com o término do relacionamento, mas esse processo permaneceu dentro dos limites da normalidade, sem ganhar proporções grandiosas nem fazer de Clara uma vítima, presa no papel de sofredora.

O que quero mostrar com essas histórias é que todos estamos sujeitos a problemas e desafios. Todos já tomamos ou ainda vamos tomar algumas rasteiras da vida. Não, não será um momento agradável, nem motivo de celebração, mas a forma como viveremos essas situações variará de acordo com o a forma como enxergarmos a nós mesmos.

Assim como qualquer outro ser humano, as pessoas com boa autoestima enfrentam desafios em suas vidas e podem ser surpreendidas com grandes problemas, capazes de abatê-las. A grande diferença é que elas se recuperam rapidamente, tanto pelo fato de que confiam em si mesmas e em sua capacidade de superação, quanto por se sentirem merecedoras de amor, felicidade e sucesso, não sendo capazes de desistir enquanto não alcançarem os resultados que merecem.

Quanto mais elevada for a sua autoestima, maior será a sua fortaleza interior e mais equilibrada será a sua vida. Maior também será a sua compreensão do valor de cada pessoa, pois você será capaz de perceber o quanto cada indivíduo é um ser único trilhando sua própria jornada de evolução. Ao contrário de arrogante, quanto maior sua autoestima, mais empática, solidária e compreensiva você será com as pessoas ao seu redor.

Além disso, por ser o sistema imunológico da consciência, o seu nível de autoestima é que vai determinar a forma como você lidará com os desafios, a perspectiva que nutrirá em relação a eles e também o tempo que será necessário para o seu restabelecimento e recuperação.

Espero que você tenha tido argumentos suficientes para deixar de uma vez por todas esses mitos no passado, para seguir em frente construindo a nova realidade que merece.

CAPÍTULO 4

Os erros que você comete e que a impedem de se amar

NO CAPÍTULO ANTERIOR VOCÊ TEVE A OPORTUNIDADE DE CONHECER OS mitos que a estavam afastando de uma boa autoestima. Acreditar em todas aquelas coisas era muito prejudicial para o seu relacionamento consigo mesma. Agora chegou a hora de trazer um pouco mais desse conhecimento para o campo prático. Por isso, nossa conversa será sobre algumas atitudes muito comuns nas vidas das pessoas, mas que na realidade são erros graves que as impedem de se amarem de verdade.

Acredito que você vai se identificar com muitos dos comportamentos que falarei agora, mas nada de se desesperar, ok? A primeira coisa que quero deixar clara é que isso tudo é mais comum do que você imagina. Ou melhor, é tão comum que talvez você se surpreenda com o fato de essas atitudes serem erradas. Por isso mesmo tem muita gente no mesmo barco. A segunda coisa é que, para sair desse barco, é preciso saber que você está nele. Por esse motivo eu reforço o papel do nosso primeiro C: a consciência, ou seja, a importância de se saber o que está acontecendo de verdade, pois somente assim é possível fazer um movimento de libertação e transformação.

Então, ao ler tudo o que tenho para lhe contar agora, pense na sua vida como um todo e nada de se julgar, ficar chateada ou desesperada caso se identifique com as situações e com os exemplos descritos. Isso faz parte da transformação que você já começou a viver. Combinado?

Prometo ser legal e dar o máximo de mim para trazer leveza, amor e bom humor para esse momento. Quero que você também leia com leveza, mandando o julgamento dar uma volta (de preferência que o mande para uma viagem só de ida para um lugar bem distante).

ERRO #1: TENTAR AGRADAR A TODO MUNDO

As pessoas com baixa autoestima têm dificuldade em reconhecer o seu valor diante da vida. Por esse motivo, acreditam que, para se sentirem aceitas, amadas, valorizadas e apreciadas, precisam agradar aos outros. Para elas, esse seria o único caminho para validarem a si mesmas.

Só que um dos grandes problemas dessa história é que é impossível agradar a todos. Vincular o seu valor a uma tarefa impossível chega a ser cruel. Cada um de nós é um indivíduo único, com vontades, gostos e preferências únicas. Não há uniformidade, há diversidade. E isso é maravilhoso, pois há espaço para todos os tipos de preferências. Mas uma coisa é certa: você não será capaz de satisfazer a todos os gostos, vontades e preferências da humanidade. Uma pessoa que acredita ser capaz de agradar a todo mundo é como aquelas roupas de tamanho único que a gente encontra nas lojas, que prometem servir em qualquer pessoa, mas, na verdade, não servem em ninguém.

Sempre haverá alguém que não vai se identificar com você ou até mesmo que ficará contrariado com suas atitudes. E quer saber? Está tudo bem. Isso faz parte da dinâmica da diversidade da nossa existência e não altera em nada o seu valor.

Outro fator de gravidade desse erro é que ele afasta você da busca pela aprovação no único lugar em que ela pode acontecer: dentro de si mesma. Apenas aí dentro, em contato com a sua essência, é que você encontrará tudo o que é necessário para se aceitar, amar e valorizar de verdade. O comportamento de tentar agradar a todos passa uma mensagem para o seu subconsciente. O que ele diz, na verdade, é que você não é o bastante, que sua opinião sobre você não conta e que apenas os outros têm o poder de definir se você é ou não merecedora de amor, felicidade e coisas boas. E qual o instrumento utilizado para essa validação? A aprovação externa, claro.

Dessa forma, esse comportamento aparentemente inofensivo vai, a cada nova tentativa de agradar a todos, reforçando essa mensagem interior de desvalorização, o que fortalece a necessidade da busca pela aprovação. Um ciclo que se retroalimenta e aumenta cada vez mais o seu sofrimento, sua baixa autoestima e sua insegurança.

A única forma de romper esse ciclo é reconhecendo que aquilo que os outros pensam e dizem sobre você não tem o poder de influenciar o seu valor diante da vida. Na verdade, o que os outros pensam e falam sobre qualquer coisa diz muito mais sobre eles mesmos do que sobre o objeto da análise.

Há uma frase de Freud que ilustra perfeitamente isso. Ela diz: "Quando Pedro me fala de Paulo, sei mais de Pedro que de Paulo." Isso porque as pessoas enxergam e avaliam o mundo exterior de acordo com o grau de consciência e realização delas próprias. A sensação de agrado ou desagrado não depende do elemento externo (no caso, você), mas apenas do que elas estão espelhando delas próprias nas situações que analisam e julgam.

A grande verdade é que as pessoas não enxergam o mundo como ele é, as pessoas enxergam o mundo como **elas** são. Cada um de nós usa óculos particulares para filtrar a forma como vemos a realidade, fazendo isso por meio do espelhamento da nossa realidade interior.

Assim, sempre que bater aquela vontadezinha de agradar a todo mundo, lembre-se de que essa é uma tarefa impossível e que, por mais que tente, você nunca será capaz de controlar o apreço (ou desapreço) das pessoas por você, porque, no final das contas, isso depende de quem elas são, e não de quem você é.

Libertar-se desse erro ainda traz um último benefício que poderá tirar uma tonelada de peso das suas costas (e até mesmo da sua agenda): a dificuldade de dizer "não". Na tentativa de agradar a todo mundo, você se torna muito mais propensa à dificuldade de dizer "não" quando alguém lhe pede alguma coisa que você não quer ou não pode fazer. Por medo de desagradar, você não consegue expressar sua real vontade (ou até mesmo impossibilidade) e, assim, diz "sim" para aqueles pedidos que estão na contramão do que você quer de verdade, o que, em muitos casos, pode até lhe trazer prejuízos (fique tranquila que, mais adiante, falarei mais profundamente sobre a dificuldade de dizer "não").

Acho que você percebeu o quanto o erro de tentar agradar a todo mundo é um grande empecilho para sua autoestima, autoconfiança e até para sua produtividade. Hora de deixar isso tudo no passado, não é mesmo?

ERRO #2: ASSOCIAR A AUTOESTIMA E AUTOCONFIANÇA A ELEMENTOS EXTERNOS

Esse erro tem um elemento em comum com o de agradar a todo mundo. Sabe qual? O desconhecimento do seu valor diante da vida. E aí, na tentativa de reconhecer seu valor, você parte em busca de validação, mas esse movimento é feito na direção errada, ou seja, do lado de fora.

Vincular o seu senso de valor pessoal a elementos externos é muito errado. A sua autoestima não depende de nada que venha de fora. Apenas o autoconhecimento, ou seja, um mergulho para dentro de si mesma, é capaz de lhe mostrar as belezas do seu mundo interior. É aí, do lado de dentro, que estão as coisas mais lindas a seu respeito, que farão você se apaixonar perdidamente por si mesma e se descobrir uma pessoa maravilhosa, digna, capaz e merecedora. É também dessa descoberta e construção interior que surgirá uma autoconfiança inabalável, que a manterá sempre fortalecida e seguindo em frente, independentemente de quão turbulentas estejam as coisas no mundo exterior.

Ao vincular seu valor às circunstâncias externas, você constrói uma autoconfiança muito frágil, pois, ao menor sinal de mudanças, ela desmorona e você se sente mal a seu respeito. Por exemplo, você se dedica muito ao seu trabalho, alcança resultados incríveis e um cargo de liderança. Mas, um belo dia, por uma decisão da diretoria, você é mandada embora, pois sua vaga será extinta, por motivações unicamente financeiras, que nada têm a ver com sua competência ou capacidade. Essa demissão a abala profundamente e você começa a se perguntar onde foi que errou, acha que não é boa o bastante, que o seu trabalho não tem valor, sente medo de não conseguir se reposicionar no mercado e isso tudo desencadeia uma série de pensamentos mentirosos a seu respeito. Nesse fluxo de falta de autoconfiança, é possível que você nem procure por uma nova oportunidade (porque, a essa altura, já se convenceu da sua total incompetência e incapacidade) ou então que aceite outro trabalho muito aquém das suas capacidades e faixa salarial, para não correr o risco de não conseguir encontrar coisa melhor.

Claro que uma demissão não é algo legal. Não estou dizendo que você deve festejar ou celebrar isso. O que quero que compreenda é que, quando você tem clareza e consciência sobre o seu valor, pode (e com razão) ficar chateada com essa decisão, mas não permite que isso defina quem você é. Você sabe do seu valor, da sua competência, capacidade e merecimento. Por isso, segue em frente. Você busca por novas oportunidades, entra em contato com as pessoas que acredita que podem ajudá-la, faz o que for necessário (novos cursos, uma reciclagem), mas não se deixa abater nem desanimar. A certeza interior da sua capacidade é maior que qualquer medo ou pressão social, e, por esse motivo, nada é capaz de pará-la.

Eu dei um exemplo profissional, mas isso se aplica a todas as áreas da vida. Outra situação bastante comum em que esse erro se encaixa muito bem é nos relacionamentos amorosos. Todos os dias vejo pessoas que vinculam seu valor a um relacionamento. Para elas, estar ou não em uma relação é uma medida de sucesso ou de fracasso, e elas se sentem bem ou mal a seu próprio respeito de acordo com seu status de relacionamento. Muita gente acredita verdadeiramente que a autoestima vem de fora, que é fruto do amor do outro, que é isso que vai fazer com que elas se sintam amadas e valorizadas. E, quando acontece de o relacionamento dar errado, vão embora com ele todo o seu amor-próprio e sua autoconfiança.

Mais uma vez, isso é extremamente errado e a noção (ilusória) de valor que vem daí é uma construção frágil e insustentável. Além disso, acreditar que o amor-próprio é fruto do amor do outro é a forma mais eficaz de se frustrar e machucar. Amar a si mesma é uma responsabilidade sua e esse sentimento só pode partir de dentro. Não tem como ser diferente. E mais, como a gente já conversou no capítulo anterior, o amor-próprio é uma condição para que o amor do outro seja possível, para que você seja capaz de amar e se permitir ser amada.

Quando você tem clareza sobre o seu valor, também fica claro para você que nenhum relacionamento é capaz de mudar isso. A consciência do seu valor também faz com que você se sinta segura e confiante e, como consequência, livre dos ciúmes e do medo de ser trocada, porque você simplesmente sabe quem é, conhece o seu valor. E, se por caso a relação não der certo ou seu parceiro se interessar por outra pessoa, isso não faz de você uma pessoa pior, mas apenas mostra que você e seu parceiro não estavam em afinidade. E está tudo bem!

ERRO #3: ACEITAR MENOS DO QUE MERECE

Para a gente falar sobre esse erro, antes é preciso deixar uma coisa bem clara: você merece tudo de melhor que essa vida tem a oferecer. Você é digna e merecedora! Talvez ainda não seja capaz de enxergar isso, eu entendo. Mas isso não muda o fato de que você é sim merecedora.

O que acontece é que, por não ter essa consciência, talvez você ande aceitando menos do que merece. Talvez esteja se contentando com uma vida de migalhas e não lute pelo banquete que merece. Como eu sei disso? Porque isso também é mais comum do que você imagina. E o fato de ser comum não quer dizer que seja algo positivo. Não mesmo!

Aceitar menos do que você merece é, ao mesmo tempo, sinal e causador de baixa autoestima. Uma pessoa com baixa autoestima não se reconhece merecedora de amor, felicidade, sucesso e coisas boas. Por isso aceita menos do que merece de verdade. Só que esse comportamento reforça a ideia errada de não merecimento, fortalecendo e arraigando essa crença interiormente. E, mais uma vez, temos um ciclo:

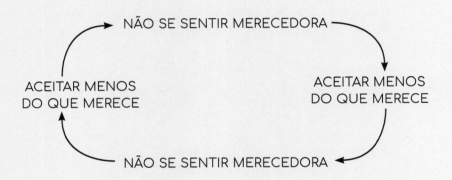

Deu para entender o quanto isso faz mal? Então, quero que você pare por uns instantes e reflita: em qual área da sua vida você está aceitando menos do que merece? Será que é no trabalho? Ou nos relacionamentos? Ou será sua vida financeira? No seu lazer? Faça uma varredura aí na sua vida, para investigar se está cometendo esse erro.

ERRO #4: AGIR PELA MOTIVAÇÃO ERRADA

Você sabia que por trás de toda ação existe uma motivação? Ela pode estar expressa ou escondida, mas sempre há um motivo que a impulsiona a agir. E essa motivação pode ser algo muito poderoso ou muito prejudicial para sua autoestima.

Todas as nossas atitudes passam um recado para o nosso inconsciente. E agir pela motivação errada pode causar danos imensos aí dentro de você.

Cristina sempre ouviu de seus familiares que nunca conseguia juntar dinheiro, que era desorganizada financeiramente e, por isso, nunca teria um patrimônio. Ela era até motivo de piada nas reuniões de família, ouvindo brincadeiras de péssimo gosto dos parentes, que diziam que teriam que fazer uma poupança para ajudar Cristina no futuro, porque ela sempre vivia cheia de dívidas e uma hora ia acabar sobrando para eles.

Chato, ofensivo e até humilhante, não é mesmo? Pois é, Cristina também achou. Então, decidiu dar um basta nisso. Ela prometeu para si mesma que reverteria sua situação financeira para provar para a família que todos estavam errados, e esfregaria na cara deles um patrimônio muito maior do que eles poderiam imaginar. Se você está vibrando com a decisão de "volta por cima" da Cristina, cuidado! Ela tomou uma decisão certa (cuidar da sua vida financeira), mas pelos motivos errados (provar para a família que eles estavam errados).

Como eu disse, a motivação das nossas ações passa uma mensagem para o inconsciente, e a motivação errada pode destruir a autoestima. No caso de Cristina, a motivação dela era provar para a família que eles estavam errados. Parece louvável, mas aí reside uma pegadinha: quando ela decide provar para os outros que ela não é desorganizada e descontrolada, é porque ela mesma se identificou com esse rótulo e acreditou nisso em primeiro lugar. Nós só sentimos necessidade de provar coisas sobre as quais recaem dúvidas. Se de fato não acreditasse em tudo o que diziam dela, isso não a afetaria de forma tão profunda e talvez ela já tivesse até mesmo colocado um fim nessas brincadeiras, impondo limites e mostrando para seus familiares que eles estavam sendo desrespeitosos e inoportunos. Faz sentido?

E se eu lhe disser que ela conseguiu mesmo dar a volta por cima? Porque foi isso que aconteceu. Ela estudou muito sobre como se organizar financeiramente, fez cursos sobre investimentos, conseguiu gerar uma renda extra, aplicou o seu dinheiro e conquistou um patrimônio considerável, fazendo com que todos os seus familiares se desculpassem com ela pelas piadas do passado. E aí, será que isso foi uma boa coisa? Será que agora ela se sente bem, segura e confiante, e se enxerga como uma pessoa organizada, capaz de gerir suas finanças?

Se você respondeu que sim, dê aquela respirada funda, porque você vai se surpreender com o que tenho para contar. Como eu disse, Cristina agiu pela motivação errada e, a cada ação que tomava movida pelo desejo de provar que as pessoas estavam enganadas a seu respeito reforçava aquele autoconceito negativo que ela mesma tinha. Ela reforçava a crença de que não era boa o bastante, que não era capaz, e isso internalizou e intensificou ainda mais sua insegurança. Mesmo tendo um resultado positivo (o patrimônio conquistado), isso causou danos em sua autoestima que ficaram registrados em um nível mais sutil e que se manifestarão em sua vida, ainda que em outros cenários e em outras áreas que não a vida financeira.

E o que ela deveria fazer, então? Deixar todo mundo falar e não fazer nada para mudar? Claro que não! Ela poderia ter agido pela motivação correta. Vamos ver juntas como seria esse novo cenário? Depois de ouvir os comentários de sua família, Cristina começou a analisar a sua vida financeira e compreendeu que vinha tomando as decisões erradas, que estava consumindo excessivamente e sem consciência. Então decidiu cuidar melhor das suas finanças, porque merecia viver em uma situação economicamente equilibrada. Ela se percebeu como líder da sua vida e entendeu que os erros do passado não definiriam como seria o seu futuro. Também reconheceu sua capacidade de desenvolver novas habilidades, adquirir novos conhecimentos e, então, lançou-se nessa jornada de estudos e aprendizado.

Cristina se dedicou, estudou muito e até conseguiu gerar uma renda extra. Ela se sentiu feliz e orgulhosa de cada nova conquista. Sentiu-se merecedora de tudo aquilo e conseguiu reconhecer todo o seu crescimento, fruto da decisão dela por uma vida melhor. E ela conseguiu. Ela adquiriu um patrimônio considerável, os seus familiares se desculparam pelas piadas do passado, e Cristina conseguiu perdoá-los, sem nenhum rancor, e até mesmo se ofereceu para dar dicas de investimentos para eles.

O que você percebe em relação a esses dois cenários? Em ambos ela teve um resultado exterior positivo, mas em apenas um deles ela se fortaleceu internamente e contribuiu para o aumento de sua autoestima e autoconfiança. Sim, isso mesmo, quando ela agiu pela motivação correta (porque se reconhecia merecedora de uma vida melhor e capaz de mudar sua situação), tornou-se ainda mais fortalecida e pôde crescer externa e internamente.

Sempre existe uma motivação por trás de nossas ações e quando você tem clareza sobre isso, quando investiga e se torna consciente de quais são as suas reais motivações, daquilo que a move no seu íntimo, você se torna capaz de reavaliá-las e escolher agir de uma forma empoderadora e que a fortaleça de verdade.

ERRO #5: VIVER NO PILOTO AUTOMÁTICO

Você já deve ter percebido quantas vezes eu uso a palavra consciência, não é mesmo? Por isso ela é o primeiro dos 3 Cs que vimos no capítulo 2, pois não há mudança que não passe por ela. E viver no piloto automático é um comportamento que vai na contramão da consciência. Mas o que exatamente é viver no piloto automático? É deixar a sua rotina conduzi-la, sem que você preste atenção em si mesma, nos seus atos, pensamentos e sentimentos.

Uma imagem muito apropriada para esse cenário é a de um zumbi: um corpo que se move sozinho, sem alma. Você acha que isso está muito longe da sua realidade? Então, vamos lá. Quantas vezes já aconteceu de você fazer as coisas sem ver, sem perceber? Por exemplo, quando chega no trabalho, sem saber como chegou. Ou quando abre a porta da geladeira e se pergunta "por que mesmo eu vim até aqui?", ou então quando não se lembra se escovou os dentes ou se trancou a porta de casa ao sair. Esses são exemplos clássicos de pessoas que vivem no modo zumbi, ou seja, seus corpos estão ali, executando atividades, mas a mente está tão longe, pensando nas mais diversas coisas, que se distancia completamente do momento presente.

Além de causar transtornos em sua vida cotidiana, viver no piloto automático também prejudica a sua autoestima, pois isso a induz a um estado de autoabandono. Você não presta atenção em si mesma, não percebe suas necessidades, suas vontades, ou seja, não dá a mínima para o que está acontecendo dentro de você. Lembre-se sempre de que a autoestima é um relacionamento que você cultiva consigo mesma. E tudo que se aplica a um relacionamento com outra pessoa também se aplica a sua relação consigo. Por isso, se você se incomoda quando quer conversar com uma pessoa e ela fica o tempo todo ligada no celular, não presta atenção em você e nem sequer levanta a cabeça para olhar nos seus olhos, então não repita este tipo de comportamento consigo mesma.

Esteja presente para você. Mostre a si mesma que você pode contar consigo. Que se importa com você, que presta atenção em si, que se cuida e que o abandono é uma realidade que ficou para trás.

Sim, eu entendo que só lhe falar para fazer isso talvez não faça tanta diferença, porque muito provavelmente o piloto automático foi o seu padrão de comportamento até aqui e a mudança e a criação de novos hábitos precisam de novos estímulos. Por isso, quero lhe propor algumas atividades para ajudá-la a viver com mais presença e prestando atenção em você.

Ao acordar, ainda antes de se levantar, espreguice seu corpo, alongue-se e pergunte-se sobre como foi a sua noite de sono. Teve algum sonho? Anote em um caderninho (aliás, manter um diário é uma atividade extremamente poderosa. Falarei sobre isso mais adiante). Ao escovar os dentes e lavar o rosto, concentre-se nas sensações físicas que essas atividades provocam. Sinta a temperatura da água na sua pele, o toque da toalha no seu rosto. Faça o mesmo com o banho. Estimule os seus sentidos, sinta o toque da água quente, o cheiro do sabonete, a textura do shampoo, do hidratante. Apenas perceba, sem conclusões, julgamentos, nada além de simplesmente estar ali, atenta às atividades que faz.

Na hora de se alimentar, faça isso com igual atenção e foco. Sinta a textura, a temperatura e o sabor dos alimentos. Você pode até experimentar dar algumas bocadas no alimento com os olhos fechados, para aguçar ainda mais a sua percepção de tato, olfato e paladar. Sei que parece meio estranho, mas confie em mim, essa experiência tem tudo para ser muito agradável, estimulante e até reveladora para você. E, de bônus, ao se alimentar com presença e consciência, você ainda será capaz de receber a mensagem de saciedade que o seu cérebro envia quando percebe que você já se alimentou o suficiente, evitando que coma além do necessário.

Outra sugestão é colocar um alarme para despertar em horários aleatórios do seu dia, com a seguinte pergunta: "como estou me sentindo agora?". Quando o alarme soar, pare tudo o que estiver fazendo por alguns segundos e volte sua atenção para você mesma, para seu corpo, sua respiração e suas emoções.

Tudo isso a ajudará a sair do piloto automático e prestar mais atenção em si mesma, no seu corpo, na sua percepção, nas suas emoções, nas suas necessidades e nos seus pensamentos, tornando possível uma maior conexão consigo mesma.

ERRO #6: BUSCAR SE ENCAIXAR NOS PADRÕES IMPOSTOS

Somos o tempo todo bombardeadas com mensagens que insistem em nos impor os mais diversos tipos de padrão, o que inclui os padrões de beleza e de comportamento. Um dos maiores e mais cruéis erros que uma pessoa pode cometer em sua jornada de cultivo de autoestima é acreditar nessas mensagens.

Tenho muitas considerações a fazer sobre os padrões. Antes de mais nada, vamos alinhar os conceitos sobre o que é um padrão. É um modelo, uma medida criada para garantir que as coisas guardem uma relação de equivalência entre si. Os padrões são muito importantes. São eles que garantem que quando eu falo "bola", venha uma imagem à sua mente do que é uma "bola"; que garantem que o pão de sal seja muito parecido (em tamanho, peso e preço) em quase todas as padarias da minha cidade. Só que os padrões foram criados para garantir a segurança e estabilidade daquilo que é padronizável, por exemplo, pães, pneus, caixas de leite etc.

Os padrões não foram feitos para as pessoas, porque as pessoas são únicas, e não dá para padronizar o que é único. Mas vamos supor que isso ainda não tenha sido suficiente para convencer você. Suponhamos que seja possível padronizar a beleza ou o comportamento de uma pessoa. De quem seria essa função? No caso dos pneus e das caixas de leite, o órgão oficial que ditará as medidas a serem seguidas por todos é o INMETRO. E quando o assunto são pessoas? Haveria alguém com esse poder? Se o próprio mundo e a própria natureza são o mais puro reflexo da diversidade, será que um ser humano, um reles mortal, poderia ter mais poder que o universo e dizer como uma pessoa deve ser, se parecer e se comportar?

Não parece muito razoável, não é mesmo? Sei que este talvez seja o parágrafo com a maior concentração de pontos de interrogação de todo o livro, mas é porque eu acredito verdadeiramente que o questionamento nos traz esclarecimento e nos torna livres. Quando você começa a se perguntar o porquê de aceitar certas imposições, quando começa a questionar e investigar a origem, intenção e plausibilidade de algumas coisas, você é capaz de perceber o quanto são absurdas e elas simplesmente deixam não só de fazer sentido, mas também perdem a força e deixam de ser relevantes em sua vida.

E se não parece razoável que uma pessoa ou instituição tenha a última palavra sobre como uma pessoa deva se parecer ou se comportar, mas, mesmo assim ainda existem padrões, você já se perguntou quem está por trás de tudo isso e por que os padrões mudam de tempos em tempos? Depois de lhe fazer tantas perguntas, darei algumas respostas, igualmente libertadoras. Existe, sim, alguém por trás de tudo isso: uma indústria.

Existe uma indústria que lucra muito com tudo isso, que estabelece como sendo belo algo muito difícil de ser alcançado e bombardeia a todos com mensagens de que, para ter valor, é preciso preencher aquelas exatas medidas. Só assim teríamos valorização, reconhecimento, admiração e amor. Milhões de pessoas acreditam que isso seja verdade e que apenas se encaixando no padrão elas terão valor. E aqui temos mais alguns detalhes importantes: o padrão estabelecido pela indústria é algo praticamente inalcançável. Mas as mensagens que recebemos nos fazem acreditar que, se comprarmos o shampoo X, a maquiagem Z, fizermos a dieta Y ou tivermos o celular W, nós conseguiremos alcançar o inalcançável. Em busca da promessa de amor, aceitação e valorização, as pessoas dão início a uma corrida louca pelo consumo, por acreditarem que essa seja a solução para todos os seus problemas.

Existe toda uma indústria que lucra com seu desamor e que o fomenta, sem nenhum constrangimento. E, por esse motivo, amar a si mesma, aceitar e se orgulhar de quem você é, do jeito que você é, é o maior ato de rebeldia que você pode ter em um mundo que tenta o tempo todo convencê-la de que você não é boa o bastante.

Preste bastante atenção em uma coisa: eu não sou contra o consumo. Não mesmo! Mas defendo que você deve consumir de forma consciente, comprar o shampoo, a maquiagem, a roupa e o celular que quiser, mas porque você quer, porque se sente bem. Você deve consumir por vontade própria, e não porque acredita que esse é o único caminho para se aceitar e se amar. Ame-se primeiro e então você será livre para fazer suas escolhas de forma genuína e agir da forma que entender ser a melhor para você.

Quanto aos padrões de comportamento, eles são igualmente nocivos à sua autoestima. Talvez não haja uma indústria por trás deles, apenas uma sociedade perdida, frustrada e desconectada de si mesma, que veio seguindo um mesmo caminho sem se questionar e, agora, quer que você também o siga. Mais uma vez preciso bater na tecla da diversidade aqui. Cada pessoa é única, com suas peculiaridades físicas, comportamentais, com sua personalidade, suas preferências e não tem como haver um mesmo caminho que comporte e seja adequado para mais de sete bilhões de pessoas. Nenhum de nós nasceu com um manual de instruções, com as coordenadas do que fazer e de como agir. Se isso não foi determinado pela natureza, o que nos faz acreditar que alguém tenha o direito de fazer isso e dizer o que é melhor para nós?

Não dá para padronizar a vida, não dá para impor determinados comportamentos, valores e desejos a todas as pessoas. A vida não é assim e está mais do que na hora de a nossa sociedade compreender isso e parar de querer lutar contra a liberdade e a diversidade.

Espero que, a essa altura, você já tenha compreendido o quanto os padrões são injustos, irreais, não naturais e ilógicos. Além de tudo, aceitá-los como um modelo a ser seguido faz com que você rejeite quem você é de verdade. Acreditar nos padrões a impede de conhecer a verdade sobre você e sobre a sua natureza perfeita e ilimitada. A busca pelos padrões a afasta da pessoa fascinante que existe aí dentro.

Espero também que você esteja pronta e motivada para começar a cultivar um novo olhar sobre você, dar início a uma linda e gratificante investigação, vivenciar uma autodescoberta e se apaixonar por você, porque é isso que começaremos a fazer a partir do próximo capítulo.

Espero você lá!

CAPÍTULO 5

Quem você é de verdade?

VOCÊ ESTÁ LENDO ESTE LIVRO PORQUE ESTÁ EM BUSCA DE MAIS AUTOESTIMA e de viver uma história de amor linda e arrebatadora: uma história de amor-próprio. Fico muito feliz em poder conduzi-la nessa jornada. Eu sei que, em um primeiro momento, isso pode parecer uma realidade distante, um sonho impossível. Está tudo bem se você se estiver se sentindo assim, viu? Na verdade (e infelizmente), o comum não é as pessoas se amarem. O que costumamos ver são pessoas que têm uma profunda rejeição por si mesmas, sem saber como se desligar deste ciclo de sofrimento que a autorrejeição provoca.

Antes de darmos o próximo passo, é importante entendermos o que faz as pessoas se rejeitarem. Na verdade, o motivo é bem simples. Elas se rejeitam porque não se conhecem. E, aqui entre nós, não há como amarmos alguém que não conhecemos. Só que, além desse abismo que a separa de si mesma, ainda há o agravante de você ter sido massacrada por toda uma vida com aquelas mensagens dos padrões, sobre as quais conversamos no capítulo anterior, que reforçam um pensamento de que você não é boa o bastante.

Um outro agente complicador que a separa do seu amor-próprio vem do fato de a nossa sociedade não ser emocionalmente inteligente, de um modo geral. Por esse motivo, em vez de terem nos ensinado a buscar o amor do lado de dentro, por meio do autoconhecimento, e rejeitar todas as mensagens de que não somos boas o bastante, fomos estimuladas a perseguir os padrões, o que nos afastou ainda mais da nossa essência e da verdade sobre nós.

É importante deixar claro que esse não foi um comportamento maldoso ou intencional. Os adultos com os quais convivemos fizeram o melhor que puderam, dentro das condições de que dispunham. Eles também eram vítimas dessas mensagens e viviam seus próprios processos de autorrejeição.

Tudo isso a impediu de se conhecer, descobrir-se e amar-se de verdade. Mas isso também é passado. Assim como tudo aquilo que você acreditava que era.

Não entendeu? Deixa que eu explico. Muito provavelmente você tem uma ideia distorcida e irreal de si mesma, porque passou a vida toda buscando o seu valor do lado de fora. Nessa busca, recebeu algumas mensagens equivocadas sobre você. E, por acreditar nelas, criou uma personagem com a qual se identificou e que moldou sua identidade até hoje.

AS MENSAGENS DA INFÂNCIA

As coisas que você ouvia dos seus pais ou responsáveis, professores, familiares e até mesmo dos seus coleguinhas quando criança tiveram um profundo impacto no seu autoconceito. Eu, por exemplo, ouvi dos meus pais que era uma menina frágil, doentinha, que precisava de atenção e cuidados o tempo todo. Isso fez com que eu me identificasse como sendo uma pessoa dependente e incapaz de me virar sozinha. Dos meus colegas de escola, ouvi que era feia e ridícula. Eu era motivo de piada e brincadeiras de mau gosto. Dessas mensagens, extraí que era uma pessoa pior do que as outras e que deveria odiar minha aparência. Dos professores, ouvi que era muito boazinha, que não reclamava, que não dava trabalho. Essas mensagens me moldaram no sentido de acreditar que não poderia me manifestar, não poderia expressar minhas vontades, meus pensamentos, meus medos, nem mesmo chorar e reclamar sobre as perseguições e humilhações que eu sofria, porque, caso contrário, eu daria trabalho, e uma menina boazinha não faz esse tipo de coisa.

Eu fui me conformando com tudo isso – fui me moldando àquelas formas, me encaixando naquilo que disseram que eu era. Nessa bagunça de mensagens equivocadas, criei minha autoimagem e meu autoconceito. Essa definição inicial sobre quem eu era me acompanhou durante praticamente toda a vida. Eu fui a Carol conformada durante 25 anos, até o momento em que parei para olhar para mim e descobri que a Carol de verdade é linda demais, incrível demais e grande demais para caber em qualquer moldura que um dia alguém criou para mim.

Uma cliente minha, que aqui chamarei de Ana, foi, durante toda a infância, comparada com sua irmã. Os seus familiares diziam que Ana era a inteligente, e sua irmã, a bonita. Ana ganhava livros e brinquedos educativos, enquanto a irmã ganhava maquiagens, roupas e adereços. Ana se conformou com o papel de inteligente, sempre se destacou por sua inteligência e, claro, rejeitou a aparência, afinal bonita era a irmã. Essa mensagem é muito nociva em vários aspectos: primeiro, ela estimula a comparação como referencial de identidade e valorização; segundo, a mensagem propaga a crença (falaremos mais adiante sobre as crenças) de que uma pessoa não pode ser bonita *e* inteligente; terceiro, ela poderia criar um clima de disputa e competição entre as duas irmãs.

Somente durante nosso processo de fortalecimento de autoestima, Ana compreendeu que, além de inteligente, ela é uma mulher linda. Ela se permitiu olhar para si com olhos de amorosidade a fim de enxergar sua beleza. Eu lembro que, em nossa primeira sessão, Ana disse que queria olhar para sua imagem na tela do computador (nosso processo foi on-line) e gostar do que estava vendo. Ainda é muito emocionante me lembrar do dia em que isso aconteceu. Ana me contou que ela estava em uma reunião, também on-line, quando viu a sua imagem na tela do computador e, naquele momento, percebeu que estava se amando. Ela gostou do que viu e sabia que aquela imagem era apenas uma pequena parte de toda a beleza que existe nela, interna e externamente.

E a irmã da Ana? Embora eu não a conheça pessoalmente, quando tivemos essa conversa, Ana conversou com a irmã, que lhe disse que sempre se sentiu vazia, inferior e insegura, porque era apenas bonita, ao passo em que Ana era a irmã inteligente e brilhante. A irmã de Ana ainda convive com o peso da mensagem que recebeu na infância, sentindo-se mal a seu respeito e desconhecendo o fato de que pode ser o que quiser, inclusive bonita.

As mensagens da infância trazem um peso muito grande, que afastam você da sua verdade. Por isso, quero convidá-la a pensar nisso por alguns minutos.

O que você ouviu na sua infância que "definiu" quem você é hoje? Investigue pelo menos três mensagens que recebeu.

Quais comportamentos e atitudes você adotou por acreditar nessas mensagens?

Quem você seria sem essas mensagens?

Agora que você conseguiu traçar um panorama geral, é importante reforçar que isso não diz a verdade sobre você. Claro que, por ter se identificado com essas mensagens durante toda a sua vida, você criou hábitos mentais, ou seja, um padrão de pensamentos automáticos, guiados por elas. Mais uma vez, a consciência e a presença serão fundamentais neste momento. A consciência para lhe gerar a clareza de que são apenas pensamentos e que eles não são verdadeiros. E a presença para que você permaneça atenta, a fim de pegar no flagra qualquer um desses pensamentos mentirosos e automatizados que insistirem em aparecer.

Quando se deparar com pensamentos e comportamentos guiados pelas mensagens da infância, pare por alguns segundos, respire fundo e diga a si mesma que a única pessoa capaz de defini-la é você. Como agora você sabe que esses pensamentos não são verdadeiros, não vai alimentá-los e, com o tempo, eles ficarão cada vez mais distantes, até que sumam por completo.

LIVRANDO-SE DOS RÓTULOS

Além das mensagens da infância, há mais coisas que as pessoas disseram sobre você ao longo da vida. Você recebeu muitos rótulos. Sabe rótulos de embalagens de produtos, que descrevem o que é aquele produto e como utilizá-lo? É algo bem parecido com isso. As pessoas, a partir de uma circunstância específica, de um acontecimento isolado ou até mesmo pela imagem que construíram a seu respeito, criaram um rótulo para você, para que pudessem identificá-la e saber como lidar com você.

Espero que a esta altura já esteja dando para perceber o quanto esse comportamento é absurdo e superficial, não é mesmo? Em sua plenitude, você é muito maior do que qualquer coisa que um dia alguém disse a seu respeito.

Os rotuladores, na verdade, julgam e tacham os outros de acordo com a bagagem interna deles (lembra que já conversamos sobre isso?) e ignoram que cada um de nós é um ser potencialmente ilimitado e em processo de evolução. A nossa liberdade e o nosso direito de mudar são tolhidos pelo rótulo.

Uma das piores coisas que pode acontecer é você se identificar com o rótulo que lhe deram, porque uma coisa é alguém lhe dar um rótulo e ignorar sua plenitude; outra coisa é você acreditar nisso e simplesmente se conformar, tirando de si mesma a liberdade de ser e fazer diferente.

Vou compartilhar um exemplo pessoal sobre isso. Sempre ouvi de todos que eu era uma pessoa desorganizada. Minha irmã, com quem eu dividia quarto, pediu para os nossos pais lhe darem um quarto só dela, porque já não aguentava mais conviver com a minha bagunça. Esse rótulo sempre me acompanhou. Ouvi do meu marido, dos amigos, de todos com quem eu convivia. Ao menor esforço que eu fazia para me organizar, já vinha alguém correndo para me lembrar da "verdade sobre mim": "Não adianta tentar, você é desorganizada." "Você está arrumando seu guarda-roupas? Não vai dar em nada, semana que vem já estará tudo bagunçado de novo, porque você é muito desorganizada."

Eu mesma fazia questão de reafirmar o tempo todo o quanto era desorganizada. Assim, simplesmente parei de tentar. Já tinha me dado conta de que todo esforço seria em vão, pois eu lutava contra a minha própria natureza. Até que um dia, como em um estalo, pensei: "Quem tem o direito de dizer o que eu sou ou deixo de ser? Eu sou ilimitada e livre, posso ser o que eu quiser. Posso ter tido comportamentos de desorganização a vida toda, mas eles não têm o poder de definir quem eu sou. A partir de agora, não aceito mais essa história de que sou desorganizada. Eu rejeito esse rótulo." Isso mudou tudo na minha cabeça.

Foi só decidir me libertar do rótulo para as coisas mudarem, como num passe de mágica? Claro que não. A desorganização era um hábito que eu havia nutrido durante toda a vida. Mas não passava disso: um hábito. Não era mais a minha essência, quem eu era. Era apenas um comportamento ruim que eu vinha alimentando e que poderia ser modificado. Consegue perceber a diferença? Quem eu SOU não pode mudar, mas o que eu FAÇO, pode.

A partir daí, mudei radicalmente meus pensamentos e, em consequência, meus comportamentos. Quando vinha um pensamento de "eu sou muito bagunceira", logo eu o transformava em "eu posso me libertar do hábito da bagunça". Isso também fez com que eu me posicionasse de forma mais segura e firme diante das pessoas. Logo depois de ter decidido me livrar do rótulo de desorganizada, fui arrumar o meu closet. Essa tarefa me deu muito trabalho, mas ao final do dia, meu closet estava lindo e impecável. Então meu marido entrou e disse "não vai durar, você é muito bagunceira". Não foi um comentário maldoso ou agressivo. Estava claro que as palavras dele eram cuidadosas, que tinham a intenção de evitar um sofrimento futuro vindo da frustração que ele acreditava que eu sentiria por não conseguir manter aquela ordem. Mas, mesmo assim, reafirmavam aquele rótulo do qual havia decidido me livrar. De forma igualmente amorosa, respondi: "Essas palavras não são incentivadoras. Eu não sou uma pessoa desorganizada. Sou uma pessoa livre e ilimitada, que nutriu comportamentos de desorganização durante toda a vida, mas que decidiu, a partir de agora, fazer diferente."

Agora eu passo essa reflexão para você: quais os rótulos que recebeu ao longo da vida e que tem mantido? Será que lhe tacharam de exigente, teimosa, sensível, sem força de vontade, preguiçosa, tímida, medrosa...?

Escreva aqui embaixo todos os rótulos que recebeu (ou que você mesma se deu). Depois, risque um por um e, ao fazer isso, repita em voz alta "Eu sou livre, plena e ilimitada, e a partir de hoje escolho me libertar do rótulo de (...)."

Depois disso é hora de chamar para o jogo os 3 Cs da autoestima, pois eles são indispensáveis no seu processo de mudança: Consciência, Comprometimento e Consistência.

Como eu disse, apenas a decisão de se libertar dos rótulos não será suficiente para mudar os hábitos comportamentais que você nutriu ao longo de toda uma vida. Será necessário permanecer consciente, comprometida com essa transformação de padrões comportamentais e ser consistente, para fazer o que precisa ser feito quantas vezes se fizerem necessárias. Quando o hábito ameaçar se aproximar ou vier um pensamento que reafirme aquele rótulo, pare o que estiver fazendo, repita que se livrou do rótulo e se pergunte o que você, sem aquele rótulo, faria. No caso do meu exemplo, a pergunta seria "o que a Carol organizada faria?" ou "como uma pessoa organizada agiria nessa situação?". Assim você se dá opções de novos comportamentos e, pouco a pouco, transformará seus hábitos, livrando-se por completo dos antigos rótulos.

O QUE MAIS VOCÊ NÃO É

Vamos continuar o destralhe das coisas que a impedem de conhecer a verdade sobre você? Se eu lhe pedisse para se apresentar para mim agora, se eu lhe perguntasse quem é você, o que responderia? Aposto que eu ouviria o seu nome, sua idade, a cidade em que nasceu, qual a sua profissão e uma descrição da sua aparência. Depois viria um silêncio e, em seguida: "não sei, acho que é só". Talvez essa resposta teria algumas variações, mas posso apostar que seriam todos elementos mais superficiais e que não revelam a sua essência verdadeira.

Você não é o seu trabalho, não é sua aparência, não é os seus relacionamentos, nem as funções que desempenha na vida ou o seu signo. O problema de se identificar com tudo isso é criar uma ideia equivocada e superficial sobre você. Você sentirá que está faltando alguma coisa, talvez se sinta infeliz e incompleta, sem ao menos entender o porquê disso.

O seu trabalho não define quem você é. É apenas algo temporário, uma função que você desempenha no mundo. Quando trabalha com o que gosta, quando consegue canalizar suas habilidades e paixões para a vida profissional, disso surge uma sensação incrível e acontece o que chamamos de fluxo, propósito ou estado de desempenho máximo. Mas, ainda assim, isso não é você. É apenas uma maneira que encontrou para funcionar bem e ver as coisas fluírem. O trabalho também não é uma prisão, não é algo que você está destinada a fazer pelo resto da vida e que determinará o seu destino. Ele não tem esse poder.

A sua aparência é apenas a camada externa, um invólucro que abriga a sua essência e igualmente não tem o poder de dizer nada sobre você. Já conversamos sobre isso no capítulo 3, mas preciso relembrar que se identificar com sua aparência e acreditar que o seu reflexo no espelho é o que a define é fechar os olhos para o tesouro interior precioso que você possui e que é o único caminho possível para que você se ame e se acolha verdadeiramente.

Além disso tudo, você também não é as funções que desempenha na vida. Acredito que seja fácil compreender que você não é o seu trabalho e sua aparência, afinal de contas, com um pouquinho de reflexão, é possível enxergar o quanto essas são situações transitórias. Mas, o que dizer sobre ser mãe, filha, irmã? Essas não são situações que se possa mudar ao longo da vida. Mas ainda assim não são poderosas o suficiente para definirem quem você é. Antes de mãe, filha, irmã ou amiga, você é, sempre foi e sempre será um ser individual que independe desses papéis para existir. Claro que todas essas experiências são transformadoras e a função que elas lhe atribuem podem ser para o resto da vida, mas sua essência subjaz a todas elas.

Para finalizar essa parte sobre quem você não é (porque aposto que você já deve estar cheia de interrogações na cabeça e ansiosa para descobrir a verdade sobre você), quero falar sobre um assunto muito popular, mas que pode ser uma casca de banana no autoconhecimento. Você não é o seu signo.

Sempre vejo as pessoas tentando traçar as personalidades umas das outras com base no signo. Confesso que não sou uma profunda conhecedora da astrologia, mas conheço o suficiente para reconhecer a pegadinha que ela esconde. Quando bem utilizada, a astrologia pode ser uma ferramenta incrível de autoconhecimento, mas, quando mal utilizada, pode passar uma ideia determinista de que você está fatalmente condenada a carregar o estigma do seu signo. A pessoa que acredita que seu signo seja sua personalidade e seu destino abre mão da sua liberdade e simplesmente não busca conhecer a verdade.

Justamente na semana em que escrevia este capítulo, durante uma sessão em que conversávamos sobre o perdão ser uma escolha, ouvi de uma cliente o seguinte: "Eu sempre acreditei que, como escorpiana, sou uma pessoa rancorosa, que não sou boa em perdoar. E, por acreditar que isso era mais forte que eu, sempre deixei assim, mesmo sabendo que a falta de perdão me fazia mal. Agora eu consigo entender que o meu signo não determina minhas atitudes e que tenho a escolha de perdoar e viver da forma como eu quiser."

O seu signo pode indicar tendências sobre o seu comportamento. Quando você as conhece, fica mais fácil fazer escolhas conscientes. Essa minha cliente pode ter uma tendência a ser apegada às situações, mas, sabendo disso, ela pode reconhecer a sua tendência em ação e escolher fazer diferente, porque ela é livre para agir da maneira que quiser, independentemente do zodíaco.

E aí, deu para refletir um pouco sobre tudo isso? Quero deixar claro que são apenas reflexões, para que você comece a questionar as coisas que ouviu e acreditou sobre si, porque essa capacidade de questionamento e reflexão é empoderadora e garantirá que nenhuma dessas coisas a aprisione novamente.

AUTORRESPONSABILIDADE

Você é livre para escrever a sua história, livre para jogar no lixo tudo o que não faz mais sentido e também para transformar o que quiser em sua vida e em si mesma. Mas, para se apropriar desse poder, é fundamental que tenha essa palavrinha em mente: autorresponsabilidade.

Ter autorresponsabilidade é basicamente assumir as rédeas da sua vida, assumindo a responsabilidade pelos seus atos, pela sua felicidade, por atender às suas próprias necessidades, pelo nível de consciência em que você vive e também pela realidade que constrói a cada dia. É assumir um comportamento de protagonismo e liderança na sua vida, abrindo mão do papel de vítima.

O comportamento vitimista a faz acreditar que nada na sua vida depende de você, que tudo é fruto das circunstâncias e das outras pessoas, fazendo com que culpe os outros, o destino, sua parceria amorosa, os seus pais e até mesmo Deus, quando as coisas não saem como o esperado. O papel de vítima é enfraquecedor e mina a sua autoestima e sua autoconfiança, porque reforça a mensagem de que você não tem valor, de que nada depende de você e que sua vida é apenas um joguete nas mãos do destino.

Viver no papel de vítima é se conformar com os rótulos recebidos, dar de ombros e dizer "eu não posso fazer nada para mudar". É também se afirmar como uma pessoa sem solução e dizer "Para mim não tem jeito, meu destino está traçado. Diante de tudo o que vivi, não tenho como mudar". Viver dessa forma não é revigorante. Pode até ser mais fácil culpar os outros, não se esforçar para vivenciar novas experiências e buscar novos resultados, mas definitivamente não é uma forma feliz de se viver.

A sensação de plenitude só pode ser alcançada por uma pessoa disposta a se tornar líder da sua vida, a assumir a autorresponsabilidade e escolher uma nova forma de viver, mesmo sabendo que isso demandará trabalho duro e esforço. Carl Gustav Jung tem uma frase que exprime bem o senso de autorresponsabilidade: "Eu não sou o que me aconteceu, eu sou o que escolho me tornar." Não importa o que você viveu até hoje, não importa o tamanho da sua bagagem, quantas decepções vivenciou, os traumas que suportou, você é livre para escolher uma vida diferente. Não estou menosprezando nem minimizando o seu sofrimento. Pelo contrário, estou afirmando que o seu poder é maior que tudo isso e que a transformação está em suas mãos.

Muitas pessoas têm preconceito com a palavra autoajuda, mas eu a considero a maior das verdades. Autoajuda significa usar os seus próprios recursos para viver um aprimoramento pessoal, ou seja, ajudar a si mesma. Isso não significa autossuficiência, nem é sinônimo de não pedir ajuda a outras pessoas, mas é ter a clareza de que todos os seus movimentos devem iniciar dentro de você. Até para ser ajudada, você precisa estar aberta e disposta para procurar ou aceitar um apoio externo. Mas a líder sempre foi e sempre será você mesma.

Ter autorresponsabilidade é assumir que a única pessoa capaz de fazê-la feliz é você mesma. É também entender que todo movimento transformador começa com você, e que seus atos, pensamentos e sentimentos estão o tempo todo criando a sua realidade. E essa é a coisa mais empoderadora e engrandecedora que existe.

Por que estou falando isso tudo? Porque preciso que você assuma a postura de líder de si mesma para, a partir de agora, colocarmos a mão na massa no nosso trabalho de transformação. Grande parte das coisas que falei até aqui foram para conscientizá-la. Como eu disse, a consciência é o primeiro passo. Sem ela, não é possível sequer iniciar uma jornada. Mas ela é apenas o ponto de partida, ainda há muito trabalho pela frente e para isso preciso do seu comprometimento. Preciso que você abrace a autorresponsabilidade para seguirmos juntas. Combinado?

FINALMENTE, QUEM É VOCÊ?

Depois de toda essa faxina e uma dose cavalar de autorresponsabilidade, chegou a hora de dar início a uma das minhas atividades favoritas: a autoinvestigação. E, se fizer tudo certinho, da forma como proponho, prometo que você *não chegará ao fim deste capítulo com plena consciência sobre si.* "Como assim?", você pode estar se perguntando.

O fato é que você é um grande quebra-cabeças, cheio de pecinhas, que formará uma figura única, e essa figura está sempre se transformando. Nosso trabalho aqui é limpar a mesa, tirando de cima dela todas as pecinhas que não lhe pertencem (o que fizemos até aqui), para que você tenha liberdade para montar do seu jeitinho, e também jogar luz aí dentro, para que consiga encontrar cada pecinha. Ao fazer isso, prometo que todos os seus dias serão uma fonte de novas descobertas, aprendizados e oportunidades para que se apaixone perdidamente pelo ser lindo – e eternamente em (re)construção – que você é.

A autoinvestigação é uma atividade prática e sem gabarito certo. A única resposta certa é aquela que vem do seu coração, de forma verdadeira. Caso você tenha dificuldade em responder de imediato às perguntas, não tem problema. Quero que você viva a experiência de se apaixonar pelas perguntas, sem se forçar a encontrar respostas de forma imediata. Reflita um pouquinho, respire fundo, pode até fazer uma pausa e dar uma volta, mas persista na atividade.

É fundamental que você permaneça em contato com essas perguntas no seu dia a dia. Você pode respondê-las aqui no livro mesmo ou então em um caderno, para que suas respostas não encontrem nenhum tipo de limite, nem mesmo no número de linhas disponíveis. O importante é levar essa reflexão também para a sua vida cotidiana.

OS SEUS TALENTOS

O primeiro objeto da nossa investigação são os seus talentos. Quando eu digo talentos, não me refiro apenas a coisas grandiosas, como por exemplo, pintura, música etc. Gosto de usar essa palavra porque o talento era uma moeda antiga greco-romana. Sendo assim, quero que você encare o talento como qualquer coisa que seja valiosa para você, independentemente do quanto ela seja reconhecida ou valorizada socialmente. Nesse sentido, os talentos são as suas características positivas, que você aprecia e das quais se orgulha. Pode ser tanto uma habilidade, algo que você faça bem, como por exemplo, escrever bem, quanto uma característica da sua personalidade, por exemplo ser otimista, boa amiga ou paciente.

Como já conversamos, todas as pessoas têm mais pontos positivos que negativos, mas o foco geralmente está no negativo. Por isso é importante reajustar as lentes com as quais você se vê, buscando enxergar suas características positivas.

Liste agora 10 talentos seus:

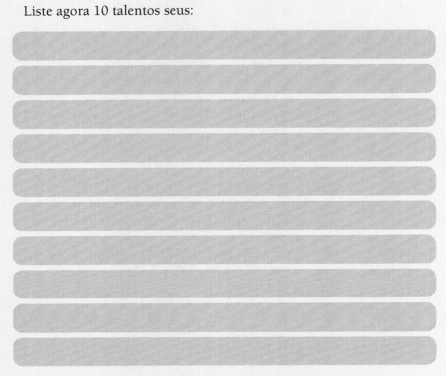

O número 10 é apenas uma sugestão. Não quero que você faça a atividade contando. Apenas escreva tudo o que lhe vier à mente. Geralmente coloco esse número de dez como uma sugestão inicial, para que as pessoas não se assustem ou reajam acreditando que não conseguirão listar suas qualidades. Nas minhas sessões, sempre digo às clientes para buscarmos dez e a reação de todas elas é quase sempre a mesma: "Não vou conseguir. Dez é muita coisa". Ao final da sessão, elas se espantam ao se depararem com uma lista de aproximadamente trinta talentos, identificados em apenas uma hora.

Uma dica muito importante é você olhar para as coisas que aparentemente são pequenas e sem importância, ou que são tão fáceis e naturais em sua vida que você acredita que todo mundo faz. Pense nas coisas simples, como fazer um brigadeiro delicioso, dirigir bem, saber dobrar suas roupas, manter as finanças em ordem, lidar bem com planilhas, ser uma boa ouvinte, ter bom gosto, cuidar bem de crianças etc.

Pense nas coisas para as quais as pessoas sempre lhe pedem ajuda ou que elas elogiam. Eu recebia muitos pedidos de ajuda dos meus colegas de faculdade de Direito na hora de escrever trabalhos e peças jurídicas, por exemplo. Era algo que eu fazia com tanta facilidade e naturalidade que acreditava ser algo banal e sem importância e, por isso, não reconhecia como um talento. Quais são essas coisas na sua vida?

Outra dica é pensar "Se eu perguntasse para (uma pessoa importante na sua vida) quais os meus talentos, o que ela vê de positivo em mim, o que ela diria?" Isso vai ajudar você a ampliar o seu olhar, de uma forma mais criativa.

Vamos levar essa atividade para um próximo nível? Pergunte diretamente para as pessoas que você pensou no parágrafo anterior. Escolha três pessoas da sua convivência e confiança, explique que está fazendo um trabalho de autoconhecimento, peça para elas lhe dizerem quais características positivas veem em você e registre todas as respostas em seu caderninho. Essa atividade tem uma regra de ouro: você só pode ouvir, sem discordar. Caso a pessoa diga algo com o que você não concorde, a única coisa que está autorizada a dizer em resposta é "Interessante. E o que faz com que você pense assim?" Isso lhe dará a oportunidade de se perceber por um novo olhar, enxergando coisas que poderiam estar passando despercebidas na sua vida e no seu dia a dia.

Lista pronta? Permaneça em contato com ela no seu cotidiano. Você pode lê-la todos os dias ao acordar, para se lembrar de todas essas características positivas sobre você, além de recorrer a ela nos momentos em que se sentir para baixo, triste ou desanimada.

Esteja atenta no seu dia a dia para aumentar a sua lista, observando em ação alguns talentos dos quais não conseguiu se lembrar durante a atividade. Cada novo dia pode ser muito revelador se você estiver preparada e aberta para enxergar seus talentos.

Lembra o porquê de eu ter escolhido a palavra "talento" para falar dos seus pontos fortes? Que talento era uma moeda? Pois é, essa lista é o seu baú de tesouros que devem ser usados sem moderação. Quando estiver diante de um desafio na vida, recorra à sua lista e pergunte-se: "Qual (ou quais) dos meus talentos posso usar para lidar com essa situação?"

Identificar os seus talentos é muito poderoso para sua autoestima, porque faz você ter consciência do seu valor, voltando o foco para as suas características positivas. Mas os benefícios não param por aí. Isso também aumenta a sua autoconfiança, porque faz com que se lembre da sua força, capacidade e dos vários recursos que possui para enfrentar os desafios da vida.

ENCONTRANDO A SUA INSPIRAÇÃO

Eu não sei explicar por que, mas adoro listas. Naturalmente, elas foram incorporadas nas atividades que desenvolvo e não poderia ser diferente aqui neste livro.

Depois de seus talentos, quero lhe propor uma lista muito especial e gostosa de fazer, que é a lista de inspiração. Nela deverá constar tudo aquilo que faz seu coração bater mais forte, seus olhos brilharem e o sorriso despontar em seu rosto. A rotina e a correria do dia a dia podem fazer com que você se desconecte do que é realmente importante para você, conduzindo-a para aquele estado de piloto automático e autoabandono sobre o qual já conversamos. Pensar nas coisas que lhe dão prazer é uma ótima forma de se reconectar consigo mesma e romper esse ciclo de automatismo do cotidiano.

Escreva agora no mínimo dez coisas que você gosta e que a deixam inspirada. Lembre-se de incluir tanto os pequenos prazeres, como por exemplo, tomar um banho com um sabonete bem cheiroso, deitar-se sobre uma roupa de cama recém-trocada, quanto os grandes, como ir a um bom restaurante e viajar.

E aí, como se sentiu fazendo essa lista? Particularmente, isso é algo que me tranquiliza, anima e ajuda a combater o baixo astral. Eu costumo refazer ou reler essa lista sempre que estou tristinha ou me sentindo cansada e sem energia.

Só fazer a lista já é uma atividade animadora, mas a gente não vai parar por aqui, não é mesmo? Escolha pelo menos uma das coisas dessa lista para você colocar em prática durante essa semana e potencializar a inspiração e as energias positivas dessa atividade.

LISTA DOS DESAFIOS SUPERADOS E DAS CONQUISTAS

Espero que ainda tenha sobrado tinta na caneta e disposição para escrever, porque faremos agora mais uma lista empoderadora. A vida de todo mundo é permeada por desafios. (Não, não é só com você!) E tem sido assim desde sempre. O problema é que, quando surge um desafio, somos sugadas por ele de tal que forma que, muitas vezes, chegamos até mesmo a duvidar da nossa capacidade de superá-los. Talvez você já conheça muito bem essa história, que resulta em angústia, ansiedade, medo, insegurança e falta de autoconfiança.

A atividade que faremos agora tem como objetivo ser um antídoto para esses momentos difíceis, enchendo você de energia, força e confiança para vencer quaisquer obstáculos que venham a surgir em seu caminho.

Pense nas coisas que conquistou ao longo da vida. Mais uma vez, não se limite a coisas grandiosas, como se formar na faculdade, ter o seu primeiro emprego ou um carro. Lembre-se também das pequenas conquistas, como o dia em que colocou um ponto final em uma situação que lhe fazia mal, quando fez um desenho sem se julgar ou o dia em que se olhou no espelho com amorosidade e compaixão. Faça uma lista das suas conquistas e superações, sejam elas materiais ou emocionais. Não apenas as liste, escreva de forma um pouco mais profunda sobre cada uma dessas conquistas, lembrando-se delas, do momento em que aconteceram, dos recursos que utilizou em cada uma delas e como elas foram importantes para você.

Faça uma retrospectiva da sua vida como um todo e não se esqueça de incluir na lista os momentos da sua infância e adolescência, pois posso apostar que existem muitas conquistas e superações também nessas fases da vida.

Uau, que momento mão na massa, não é mesmo? Sei que sua mão já deve estar doendo de tanto escrever, mas, confie em mim, isso tudo vai valer muito a pena. Talvez já esteja valendo. Talvez você já esteja sendo capaz de olhar para todas essas listas com um ar de surpresa e admiração, por descobrir, ou melhor, por se relembrar de tantas coisas legais sobre você.

Tão importante quanto o reconhecimento é a celebração. Pense na seguinte cena: como você se sentiria diante de uma pessoa que não comemora suas conquistas, que age como se você não tivesse feito mais do que a sua obrigação? Acredito que você se sentiria desmotivada, triste e decepcionada com essa pessoa. E se fosse o contrário? E se ela celebrasse e comemorasse cada uma das suas conquistas com alegria e empolgação? Isso seria revigorante, uma verdadeira fonte de energia e motivação.

Então, chegou a hora da sua celebração! Leia novamente a sua lista de conquistas e superação, passe por cada um dos itens com atenção. Quando terminar, deixe-se ser tomada pela alegria e pela gratidão, corra para a frente do espelho, olhe-se nos olhos e diga em voz alta: "(Seu nome), você é incrível! Obrigada por ser tão forte e por tudo o que conquistamos!"

Por mais que essa atividade possa lhe parecer estranha, apenas faça. Isso transmitirá uma poderosa mensagem para você mesma, fortalecendo sua autoestima, sua autoconfiança e seu amor-próprio.

Mas as comemorações não param por aí. Quero também que você celebre apropriadamente todas essas conquistas que acabou de descobrir. Escolha um programa prazeroso e inspirador para fazer, como forma de comemorar. Você pode até consultar sua lista de inspiração, caso esteja sem ideias.

Permita-se viver uma experiência especial, de preferência na sua própria companhia, para celebrar tudo o que já vivenciou até aqui. E, quando estiver vivendo esse momento, reforce internamente o porquê de estar fazendo isso, a importância e significado desse momento. Aproveite!

EXERCÍCIOS DE APROFUNDAMENTO

Neste capítulo fizemos vários exercícios para a sua autodescoberta. Agora você tem a chance de se aprofundar, caso queira. Preparei algumas outras perguntas para inspirá-la a se investigar e descobrir ainda mais sobre si mesma. Pode responder no seu tempo e ritmo. Caso você não tenha a resposta para todas em um primeiro momento, não tem problema. Permita-se pensar um pouco e fique aberta para os temas propostos.

1. Qual o filme ou livro de que você mais gostou e por quê? Você se identificou com alguma personagem específica? Qual? Qual característica mais a encantou nessa personagem?

2. Quem são as pessoas que mais a inspiram e por quê? (Podem ser pessoas da sua vida cotidiana ou personalidades que você não conhece pessoalmente ou que não sejam suas contemporâneas)

3. Qual sua comida preferida? O que você mais gosta nela? Ela faz parte da sua história, da sua infância ou faz com que se lembre de alguém em especial? Qual foi a última vez que você comeu esse prato?

4. Quais eram as suas brincadeiras preferidas na infância? E hoje em dia, alguma dessas atividades ainda fazem parte da sua vida, para trazer leveza e diversão para a sua rotina (como colorir ou desenhar, por exemplo)?

5. Como seria a sua vida dos sonhos? Descreva, com detalhes, como seria um dia perfeito nessa sua vida. Descreva seu ambiente, seus relacionamentos, seu trabalho, tudo.

6. Do que você mais gosta em si mesma? (Podem ser atributos físicos, coisas que você faz bem ou características da sua personalidade.)

7. Quais as viagens que você quer fazer nos próximos 5 anos? Por que escolheu esses lugares?

8. Para viver uma vida com plenitude e realização, qual a primeira coisa que precisa começar a fazer?

9. Se você ganhasse na loteria, o que faria? E o que deixaria de fazer?

10. Quais as situações do dia a dia que a deixam chateada ou infeliz?

11. Como você lida com situações de estresse?

12. O que a deixa animada e feliz em sua vida hoje?

13. Como você usa o seu tempo livre?

14. O que você faz para descansar e recarregar suas energias?

É isso aí! Foi dada a largada da sua autodescoberta. Você já começou a se conhecer um pouco mais, e os primeiros passos rumo a uma autoestima fortalecida já foram dados. Nossa jornada continua e o próximo passo é você se libertar de algumas âncoras que ainda a estão prendendo no passado, para que tenha leveza e liberdade no caminho de ser você mesma.

CAPÍTULO 6

Uma última faxina

COMO FOI ESSE PRIMEIRO MOMENTO DE DESCOBERTAS SOBRE SI MESMA? Espero que tenha se divertido e se encantado ao perceber o universo infinito que existe aí dentro, pronto para ser explorado.

Além de se conhecer um pouco mais, no capítulo anterior fizemos uma faxina para limpar o que os outros disseram sobre você. Agora daremos um próximo passo nessa transformação, fazendo uma limpeza das coisas que você mesma tem dito a seu respeito. Este é um passo muito importante para que você se torne efetivamente livre para ser a pessoa que começou a se descobrir, libertando-se de todas as amarras que ainda possam estar lhe prendendo aos antigos padrões de autorrejeição, cobranças e culpa dos quais quer – e merece – se libertar.

MUDANDO SEUS DIÁLOGOS INTERNOS

Já percebeu que existe um diálogo acontecendo o tempo todo em sua mente? Pode ficar tranquila porque não há nada de estranho ou sobrenatural nisso, viu? Todo mundo vivencia esses diálogos internos. É uma coisa similar àquilo que já vimos nos desenhos animados, em que um anjinho e um diabinho ficam falando coisas boas ou ruins no ouvido da pessoa. O que vai fazer a diferença na sua vida e na sua autoestima é a qualidade dessas conversas que você mantém consigo.

Como são os seus diálogos internos? Você se diz coisas positivas, fortalecedoras, ou tem uma vozinha aí dentro que insiste em dizer coisas muito ruins, que sempre a deixam para baixo e enfraquecida?

Se você se identificou com o primeiro cenário, das conversas positivas, parabéns! Isso indica que você já está cuidando dos seus diálogos internos e tem estado ao seu próprio lado em sua jornada de crescimento.

Caso a sua realidade ainda seja a do segundo cenário, não se desespere. Isso acontece com a maioria das pessoas. No entanto, você já deve ter percebido o quanto isso drena a sua energia, sua força e, claro, seu amor-próprio. A partir de agora nós mudaremos isso, pois geraremos clareza sobre essa dinâmica e eu lhe ensinarei ferramentas muito poderosas para transformar suas conversas interiores.

Este passo é fundamental, pois é impossível cultivar uma boa autoestima mantendo diálogos internos negativos, repletos de ofensas, críticas destrutivas ou cultivando níveis cruéis de autoexigência e cobrança.

Lembre-se sempre de que a autoestima é um relacionamento, e tudo o que não serve para um relacionamento com outra pessoa também não serve para a sua relação consigo mesma. Como você se sentiria a respeito de uma pessoa que sempre a coloca para baixo? Qual seria seu nível de abertura e carinho para alguém que lhe diz coisas horríveis, que é agressivo, impaciente e até mesmo cruel com você? Eu me arrisco a dizer que essa seria uma pessoa da qual você ia querer distância, não é mesmo? Agora, se alguém assim é tão desagradável e uma pessoa que não se quer por perto, como espera se amar quando você mesma se trata dessa forma? É impossível!

O seu diálogo interior é determinante para a qualidade da sua autoestima. Para ser capaz de se amar de verdade, é fundamental mudar a forma como fala consigo mesma. E isso é possível. O que faz com que as pessoas sejam levadas por um diálogo destrutivo, sem o questionarem e até mesmo sem perceberem que essa dinâmica está acontecendo, é o piloto automático, sobre o qual já conversamos. Por isso, atenção total para essas conversinhas que estão dominando sua cachola, para que você possa identificar os seus pensamentos predominantes, se o seu diálogo a fortalece ou a enfraquece e em quais situações eles se tornam mais fortes.

Para fazer isso, recomendo que você faça um diário de pensamentos. A escrita é uma ferramenta poderosa e terapêutica, que lhe permite acessar níveis mais profundos da sua consciência, além de gerar mais clareza sobre suas emoções e as situações do dia a dia. Além desses benefícios, manter um diário vai fazer com que você tenha um registro de tudo isso no médio e longo prazo. Sua memória não é capaz de armazenar todas as informações que você recebe e processa ao longo do dia. Por isso, quando você faz apenas registros mentais das coisas, duas situações podem ocorrer.

A primeira é um desequilíbrio emocional. Ao guardar tudo na memória, sua mente fica sobrecarregada. Isso provoca uma queda na sua capacidade de raciocinar e tomar decisões de forma assertiva, diminui sua capacidade de foco e concentração, além de gerar ansiedade, pois é como se sempre houvesse algo importante pendente e você não pudesse relaxar, para não correr o risco de esquecer ou deixar os compromissos passarem. Esse comportamento faz com que você seja tomada de sobressalto em momentos inesperados, em que está focada em alguma atividade, ou então em momentos de lazer e descanso, como por exemplo quando acorda no meio da noite lembrando de algo importante e não consegue mais relaxar e voltar a dormir. Nem preciso dizer que isso impacta negativamente sua qualidade de vida como um todo, não é?

A segunda coisa que pode acontecer quando você insiste em registrar tudo apenas mentalmente é o esquecimento. A nossa mente é como se fosse um HD de um computador, com espaço limitado de armazenamento. Para garantir que sempre haja espaço, sua mente descarta informações para permitir que novos registros sejam armazenados e para que possa continuar funcionando (ainda de que forma debilitada e sobrecarregada). O problema é que ela faz essa seleção sem critérios objetivos, sem avaliar o que é importante e o que não é. Assim, você perde acesso a coisas valiosas e que poderiam contribuir para o seu processo de desenvolvimento pessoal e acelerá-lo.

Os benefícios de se manter um diário são inúmeros, mas aqui quero me concentrar em dois, relacionados a tudo o que acabei de dizer. Adquirir o hábito da escrita diária pode aliviar os seus níveis de estresse e ansiedade, além de permitir que você tenha um registro permanente sobre tudo o que se passa em seu universo interior. Você será capaz de identificar padrões de pensamento, sentimento e comportamento até então despercebidos. Isso também ajudará a revelar em quais situações do seu dia a dia você se sente mais fortalecida ou fragilizada. Todas essas informações servirão como um guia, indicando o caminho a seguir para que você possa se aprimorar ainda mais e investir tempo, atenção e energia no que realmente vai fazer a diferença em sua vida.

Os seus diálogos internos também serão revelados de forma mais assertiva com essa prática. O diário é uma atividade de escrita livre, em que você despeja no papel tudo o que estiver passando pela sua mente. Também é possível destrinchar situações vividas, escrevendo sobre o que aconteceu, quais foram suas percepções, sentimentos, pensamentos, além de desabafar quando sentir necessidade.

Apesar de ser uma atividade livre, talvez essa seja sua primeira vez diante de um diário, por isso sugerirei algumas perguntas para guiá-la na atividade, caso você se sinta um pouco travada ou sem saber por onde começar.

- Quais foram os meus pensamentos predominantes ao longo do dia?
- Meus pensamentos me fortaleceram ou enfraqueceram?
- Aconteceu alguma coisa específica que desencadeou um diálogo interno negativo? O que eu me disse nessa situação?
- De modo geral, como me senti hoje? Como foram meus níveis de energia e meus sentimentos?
- Quais meus principais aprendizados e observações?
- Se eu pudesse viver o dia de hoje novamente, o que eu faria de diferente?

Essas perguntas são apenas orientadoras para a sua prática e nelas o foco serão os seus pensamentos e seu diálogo interior, que é o tema que estamos trabalhando agora. Mas, como disse, essa é uma prática livre e você pode escrever sobre o que quiser, da forma como desejar.

CRÍTICO INTERNO

Lembra que eu falei que existe um diálogo na sua mente? Expliquei como essa conversa acontece, mas deixei passar (de propósito) uma coisa importante. Um diálogo é uma conversa entre duas pessoas, não é mesmo? Então, se você é uma pessoa só, quem está falando com quem? Chegou a hora de você conhecer os protagonistas dessa conversa: o crítico e o sábio.

Existem duas vozes aí dentro de você. Uma é a voz da sua sabedoria interior, aquela voz que a impulsiona, empodera e fortalece. Essa voz é conectada a sua essência sábia e cheia de amor. Ao escutá-la, você é capaz de tomar decisões melhores e viver de forma autêntica e alinhada com o caminho do amor. A outra voz é o extremo oposto. É a voz do seu crítico interno. Ele é um carinha totalmente conectado ao medo, que alimenta pensamentos de insuficiência, desamor e baixa autoestima.

Todos temos essas duas vozes em nossas mentes. A voz da sabedoria é inata, ou seja, ela é natural e nasceu conosco. Já a voz do crítico foi criada no momento em que começamos a ter um pouco mais de consciência sobre o mundo exterior e começamos a passar por um processo de socialização.

O grande problema é que, para a grande maioria de nós, essas vozes foram sendo alimentadas de forma desproporcional. O crítico foi superestimulado e ganhou dimensões tão grandes que muitas pessoas praticamente não conseguem mais ouvir a voz da sabedoria. É o crítico que diz todas aquelas coisas horríveis, que fala que você faz tudo errado sempre, que ninguém nunca vai gostar de você, que você não é boa o bastante, que não dará conta, entre vários outros absurdos que você conhece muito bem.

E um grande problema do crítico é que ele tem um argumento mentiroso, mas no qual você acredita. Ele diz que tudo o que fala é para o seu bem, para que você se torne uma pessoa melhor. Fala que os erros que ele aponta, o nível de exigência altíssimo que estabelece e tudo o que lhe diz são apenas para ajudar o seu crescimento. Mas isso é uma grande mentira. Sabe por quê? Porque ninguém aprende de verdade por esse caminho. Esse tipo de atitude pode até gerar um condicionamento traumático, mas nunca um aprendizado verdadeiro. Se você tiver dúvida, basta pensar em uma criança e no seu processo de crescimento e aprendizado. A criança não aprende e se desenvolve adequadamente quando é repreendida com violência e agressividade. Ela pode até mudar o seu comportamento, mas isso acontecerá apenas por medo e não porque ela realmente aprendeu alguma coisa com aquela situação.

O seu crítico segue esse caminho traumático da agressividade. E cabe a você dar um basta nessa situação. Só você pode calar a boca dele, para que a sua sabedoria recupere o espaço que sempre foi dela e que possa, enfim, guiá-la por um caminho amoroso de crescimento, desenvolvimento e que vai ao encontro da sua autoestima e do seu amor-próprio.

Preparada? Então vamos lá. Pense por alguns instantes em tudo o que o seu crítico já lhe falou durante toda a vida. Pense nas coisas que já deixou de fazer por causa dele e como ele fez com que se sentisse nos momentos importantes para você. Agora pense em como seria a sua vida sem ele. Quem você seria sem a voz limitadora e enfraquecedora do crítico?

Depois de fazer essa reflexão, crie uma frase de poder para falar sempre que o crítico aparecer. Essa frase deve ser curta e poderosa, expressando os seus sentimentos, sua força e sua determinação para botar esse crítico para correr da sua vida.

Pode ser algo como "Quem manda aqui sou eu" ou "Cale a boca, eu escolho ouvir a minha sabedoria". Esses são apenas exemplos, mas é importante que a sua frase seja genuína e forte. Não precisa fazer sentido para mais ninguém, mas é fundamental que você se sinta fortalecida e empoderada ao dizê-la.

Escreva aqui a sua frase de poder:

Essa frase será o seu mantra. Sempre que o crítico interno der as caras por aí, você dirá a sua frase. Acesse a sua força interior, lembre-se desse exercício que fizemos, de como esse crítico a limita e como ele a impede de ser a sua melhor versão, e entoe a sua frase de poder.

Atenção! Não é para conversar, nem negociar com o crítico. Por exemplo, você está se arrumando em frente ao espelho, põe um vestido que adora e, ao se olhar, o crítico aparece e diz "você devia ter vergonha de usar esse vestido e mostrar suas pernas feias ao mundo". Nessa hora você não vai responder a ele dizendo "mas esse é o meu vestido favorito!", nem mesmo dizer "Não vejo nada de errado com minhas pernas". Para responder a ele, você precisa primeiro escutar o que ele disse. E isso não fará com que ele vá embora.

Você já participou de uma pescaria? Quando criança, meu pai sempre me levava para pescar. Eu gostava muito daquilo. Nós colocávamos a isca no anzol e ficávamos esperando o peixe ser fisgado. Quando a vara balançava, era uma festa! Corríamos para puxar logo o anzol para fora da água na expectativa de o peixe ter sido fisgado. E quando o anzol voltava vazio, será que ficávamos tristes ou frustrados? Muito pelo contrário. Aquilo nos deixava animados e cheios de expectativa.

Era um indício de que havia peixes ali. Não deu certo daquela vez, mas era só uma questão de persistir, aprimorar a técnica e esperar pela pescaria.

Talvez você esteja lendo isso com ares de interrogação, pensando no que a pescaria da minha infância tem a ver com o crítico interno. Tem tudo a ver! Quando o crítico lhe diz algo e você acredita, o peixe foi fisgado. Quando ele diz algo e você, apesar de não acreditar, responde ao que ele diz, é como o peixe que mordiscava a isca e ia embora. Isso não vai fazer com que ele desista. Ao contrário, vai deixá-lo animado, pois você demonstra que está aberta para ouvir o que ele lhe diz. Logo, para ele é só uma questão de persistir e encontrar o argumento adequado. E é isso que ele fará, até se sentir bem-sucedido.

Para colocar o seu crítico para correr, você apenas dirá com força e emoção a sua frase de poder, sem nem mesmo considerar as atrocidades que ele lhe diz.

Esse é o segredo para se livrar dele e afugentar para bem longe essa vozinha enfraquecedora que mina a sua autoestima e sua autoconfiança.

Além de mandar o crítico embora, é fundamental que você cultive diálogos amorosos consigo mesma. Na dúvida sobre como se tratar diante das situações da vida, pergunte-se: o que eu falaria para alguém que amo muito? Ou então: o que o meu sábio interior tem a me dizer? Assim você encontrará o tom de voz exato para cultivar nos seus diálogos internos.

PERDOAR-SE PELOS ERROS DO PASSADO

O crítico interno usa muitas artimanhas para fazê-la sofrer, mas ele tem predileção por uma coisa específica, que serviu como munição ao seu crítico para torturá-la durante todo esse tempo: os erros do passado. Como eu sei disso? Porque também aconteceu comigo.

Todos nós erramos. Os erros são naturais e importantes para o nosso crescimento e aprendizado, pois fazem parte da trajetória humana de evolução. Pense no nosso desenvolvimento como uma escada. Subimos degrau por degrau, mas, nesse processo, tropeçamos e caímos algumas vezes antes de chegar ao próximo patamar. O problema é que não estamos acostumadas a enxergar isso com a devida naturalidade. Principalmente quando a baixa autoestima está no comando, a tendência é pegar um erro e fazer dele algo absurdamente grandioso e vergonhoso.

O caminho para virar esse jogo é o perdão. Perdoar-se pelos seus erros é um dos maiores gestos de amor que você pode ter consigo mesma. O perdão não é um ato de irresponsabilidade e não vai torná-la indiferente aos seus erros. Esse é apenas um pensamento no estilo daquela mentira que o seu crítico lhe contava, de que faria você uma pessoa melhor.

Ninguém se torna melhor ao permanecer se punindo e reabrindo uma ferida emocional infinitamente. Esse não é um comportamento saudável emocionalmente, da mesma forma que não seria nem um pouco saudável manter um ferimento físico aberto e sendo molestado com frequência.

O perdão é fundamental para a qualidade da sua saúde emocional, além de ser um comportamento totalmente alinhando com a autorresponsabilidade, sobre a qual conversamos no capítulo anterior. Ao se perdoar, você abandona o papel de vítima de si mesma, para assumir a liderança da sua vida, agindo de forma responsável rumo ao seu crescimento e aprimoramento pessoal.

Além de se machucar, sempre que não se perdoa é como se você permanecesse presa ao passado, detida por uma âncora que lhe retira toda a liberdade para seguir em frente. O tempo físico passa, mas você continua ali, como que em um feitiço do tempo, revivendo sempre o mesmo instante em que cometeu um erro. Até que um novo erro aconteça e traga ainda mais peso para o seu fardo emocional.

Perdoar a si mesma é parar de colecionar fracassos para poder consolidar os aprendizados e seguir em frente mais forte, mais madura e com a leveza de quem escolhe não se prender ao passado.

É importante frisar que a falta de autoperdão também pode desencadear um ciclo de autossabotagem. Lembra como já conversamos sobre isso no capítulo 2? A autossabotagem acontece sempre que você comete atos que vão contra aquilo que deseja para sua vida. Quando não se perdoa, reforça o sentimento de não merecimento e de que é uma pessoa errada, inadequada e até mesmo de que precisa ser punida pelos seus atos. Não seria coerente que você desejasse coisas positivas para sua vida, tendo um autoconceito tão negativo. É como se fosse uma grande batalha do justo contra o injusto. Claro que essa dinâmica acontece em um nível mais sutil, no seu inconsciente.

Por isso, mesmo que você afirme desejar algo legal para sua vida, pode ser que suas próprias atitudes, deflagradas pelo seu inconsciente, a impeçam de alcançar os seus objetivos.

É fundamental que você se perdoe pelos erros do passado, permitindo que a vida siga o seu fluxo. Sim, você precisa se perdoar. Perdoar-se pelas escolhas erradas, pelos pensamentos equivocados, pelas decisões infelizes e por todas as condutas que teve e que de alguma forma a fizeram sofrer.

É claro que dói lembrar-se de tudo isso, mas hoje quero que você analise seus erros sob uma outra perspectiva. Hoje você consegue perceber que não fez a melhor escolha, não é mesmo? Agora você tem essa clareza que ontem ainda não tinha! Quero que perceba o quanto cresceu de lá para cá e o quanto amadureceu nesse processo. Lá atrás você apenas fez o melhor que podia, dentro das condições que tinha. Não, não dava para ser diferente!

Não tem como reviver o seu passado com todo o conhecimento e a sabedoria que você tem hoje. Mas você pode recriar o seu presente. Você tem o poder de transformar como se sente hoje em relação a tudo o que passou. Somente no aqui e no agora é que você pode agir. É no aqui e no agora que você tem escolha. E você pode escolher se perdoar. Você pode escolher se acolher com amor e aceitar que foi a melhor pessoa que podia ser naquelas condições.

Hoje é um novo dia, um dia em que você percebe o quanto de sabedoria e aprendizado já adquiriu em sua caminhada. Um dia que você escolhe reescrever a história da sua vida sem mudar os fatos, apenas transformando os seus sentimentos.

Chegou a hora de transmutar a raiva em perdão, o inconformismo em compaixão, e toda a crítica e o julgamento em amor. Chegou a hora de cultivar os mais puros e nobres sentimentos no seu coração e viver mais leve, libertando-se de todo o peso emocional do passado.

É chegado o grande momento de se perdoar e experimentar o amor-próprio com a leveza de quem se tornou sábia o suficiente para deixar ir.

Para isso, quero convidá-la a revisitar os seus erros, olhando-os por uma ótica de amorosidade e crescimento.

Pense em um momento do seu passado em relação ao qual você tem dificuldade de se perdoar e, em seguida, responda às seguintes perguntas:

- O que faz com que você perceba que aquela não foi a melhor decisão?

- O que você sabe hoje, que não sabia naquela época? Como você está diferente?

- Quais os aprendizados e as lições que pode extrair desse acontecimento?

- Se isso tivesse acontecido com alguém que você ama muito, se fosse essa pessoa no seu lugar, que cometeu um erro e hoje sofre com isso, o que diria a ela?

- Como esse fato contribuiu para o seu crescimento e para fazer de você a pessoa que é hoje?

Depois de responder a essas perguntas e fazer essa reflexão, quero que faça mais uma coisa para simbolizar essa nova etapa da sua vida, em que você escolhe deixar o passado para trás e viver inteira no momento presente. Escreva uma carta para a pessoa que você era quando cometeu o erro, dizendo que você se perdoa, mostrando o quanto cresceu, os aprendizados que teve e que escolhe se libertar da culpa, da dor e de qualquer sentimento contrário à sua jornada natural de amor, crescimento e evolução.

Além de fazer essa atividade, você pode, após escrever sua carta, tomar um banho relaxante e reconfortante, permitindo que a água leve embora qualquer resquício de energia antiga que não faz mais parte do seu momento atual.

CRENÇAS LIMITANTES

Quero dar continuidade à nossa jornada falando sobre um grande obstáculo ao seu crescimento, que são as crenças limitantes. Já ouviu falar sobre isso? Crenças são as coisas em que acreditamos e nas quais nos baseamos em todas as atitudes que tomamos na vida.

As crenças podem ser positivas e fortalecedoras, impulsionando nossa vida e evolução. Ou podem ser limitantes, nos enfraquecendo e nos impedindo de dar o nosso melhor e também de recebermos o melhor da vida.

As crenças são uma construção, fruto das nossas vivências particulares. Uma crença pode se formar a partir de alguma coisa que você ouviu, presenciou ou uma experiência que viveu.

Por exemplo, se você vem de um lar harmonioso, em que seus pais eram unidos, apoiavam-se mutuamente e eram verdadeiros companheiros um do outro, é provável que você nutra uma crença fortalecedora de que os relacionamentos são felizes, com respeito e admiração recíprocos. Ou talvez você venha de um lar totalmente oposto ao descrito acima. Caso seus pais vivessem brigando e desrespeitando-se, ou tivessem um histórico de traição, pode ser que a sua crença sobre os relacionamentos seja a de que os homens traem e que casamento é algo ruim e que causa dor.

Todas as suas experiências, diretas ou indiretas, vão sendo armazenadas em sua mente, criando seu sistema de crenças.

E as crenças são verdadeiras profecias autorrealizáveis. Toda a nossa vida é a materialização do nosso sistema de crenças. As coisas em que acreditamos se tornam a nossa realidade. Acontece um ciclo da materialização, que funciona da seguinte maneira:

Você tem um pensamento, que gera um sentimento, que lhe conduz a uma ação, que provoca um resultado, que confirma aquele pensamento.

Por exemplo, Fernanda almeja uma promoção em seu trabalho. Apesar de manter suas tarefas em dia, de acordo com suas responsabilidades, ela acredita que o seu superior vai favorecer o outro candidato à vaga, porque, um dia, em uma dessas conversas paralelas (também conhecidas como fofoca) ela ouviu alguém dizer que o outro candidato seria escolhido. Fernanda se sentiu triste e desmotivada ao ouvir aquilo. Já tendo a "certeza" de que não seria promovida, não se empenhava tanto pela promoção. Nas reuniões, não apresentava suas ideias e sugestões, além de se sentir profundamente incomodada pela presença do outro candidato, refutando mentalmente todas as sugestões que ele fazia, sem participar ativamente das reuniões. Em uma ocasião de sobrecarga de trabalho, seu superior perguntou à equipe se alguém poderia fazer hora extra naquele dia, para lidar com aquela demanda inesperada. Mesmo tendo disponibilidade para ficar além do horário, Fernanda não se prontificou, porque não via sentido em fazer aquilo, já que não seria promovida e o outro candidato, a quem ela apelidou ironicamente de "o queridinho", já havia se disponibilizado. Finalmente chegou o dia em que foi anunciada a pessoa que ocuparia a vaga que Fernanda tanto queria. Não foi surpresa nenhuma o fato de ela não ter sido promovida e a posição ter sido concedida ao outro candidato. Fernanda, ao ouvir o resultado, pensou "Eu sabia! O queridinho já havia sido escolhido havia muito tempo e esse processo todo foi uma farsa".

A verdade é que não havia ninguém escolhido antecipadamente e todos concorriam em igualdade de condições. Só que Fernanda tinha a crença limitante de que ela não teria a menor chance. Aquele pensamento fez com que ela se sentisse desmotivada e adotasse um comportamento de rebeldia que culminou em sua não promoção, confirmando aquela crença.

Deu para entender como esse ciclo se manifesta em nossas vidas, criando a realidade?

No exemplo, eu falei sobre uma crença limitante que Fernanda tinha sobre trabalho, mas as crenças podem ser sobre todos os assuntos possíveis e imagináveis: relacionamentos, dinheiro, amigos, vida profissional, saúde, espiritualidade e, claro, sobre você mesma. Essas últimas são as que mais nos interessam aqui.

As crenças limitantes que você tem a seu próprio respeito são grandes obstáculos que você mesma coloca no caminho e que a impedem de se sentir segura, autoconfiante e fortalecida. Elas também a travam e paralisam, bloqueando sua vida nas grandes e nas pequenas coisas.

"Eu não sou boa o bastante." "Faço tudo errado sempre." "Eu não dou conta." "Não sou boa para lidar com dinheiro." "Estou velha demais para mudar de vida." "Eu tenho dificuldades para tomar decisões." "Não tenho sorte na vida." "Sempre atraio as pessoas erradas." "Ninguém se interessa pelo que tenho a dizer." "Não sou interessante." "Tenho dificuldades para aprender coisas novas."

Essas frases são apenas alguns exemplos de crenças limitantes que já ouvi das minhas clientes ao longo da minha jornada profissional. Talvez você tenha se identificado com alguma(s) delas, mas quero que faça sua própria investigação sobre as mentiras que anda se contando sobre si mesma.

Quero também relembrar uma frase inspiradora de Henry Ford que tem tudo a ver com o que acabamos de falar: "Se você pensa que pode ou se pensa que não pode, em ambos os casos, você estará certo."

Como eu disse, as crenças foram construídas ao longo da sua vida. Mas, como também já falamos aqui, tudo o que é construído pode ser desconstruído e reconstruído. Sim, você é capaz de mudar o seu sistema de crenças. Para isso, precisaremos daqueles elementos imprescindíveis à sua transformação, sobre os quais conversamos no capítulo 2: os 3 Cs.

Consciência para identificar suas crenças, tirando-as do anonimato e gerando clareza sobre elas.

Comprometimento para fazer tudo o que precisa ser feito, com carinho e muita dedicação.

Consistência, porque as crenças são hábitos mentais e é preciso fazer alguma coisa repetidamente para que ela se torne um hábito. Dessa forma, é preciso que você tenha consistência caso queira criar uma nova crença fortalecedora.

Pronta para colocar a mão na massa mais uma vez e criar uma versão incrível e empoderada de si mesma? Então, vamos lá.

Liste as suas principais crenças limitantes. Comece com as que tem a respeito de si mesma e depois passe para as que tem a respeito do mundo. Uma das dificuldades de se identificar as crenças é que elas lhe parecem tão verdadeiras que você não consegue perceber que está diante de uma crença limitante. Tenho uma dica infalível para a identificação de algumas crenças. Pense em tudo o que você mais deseja em sua vida, nas coisas que quer conquistar e metas a alcançar. Ao se concentrar em seus sonhos, preste atenção nos pensamentos que virão à tona. É muito comum que as crenças limitantes comecem a gritar dentro da sua mente, demonstrando o que se passa em um nível mais sutil da sua consciência.

Lembre-se ainda de que você é um ser ilimitado por natureza, logo, tudo o que a limita e levanta dúvidas sobre a sua capacidade é uma crença limitante.

Em seguida, crie uma nova crença positiva para substituir a crença limitante encontrada. Feche os olhos por um instante e pense em como gostaria que fosse a sua vida em relação à questão analisada. Pense em como você quer se sentir a seu próprio respeito e encontre uma frase que a conduza a esse estado desejado. Capriche nesse momento e não faça meras inversões.

Por exemplo, se sua crença limitante é "eu não sou boa o bastante", não crie uma positiva que seja "eu sou boa o bastante". Faça algo mais forte e empoderador, como, por exemplo, "eu tenho um potencial infinito, reconheço minha capacidade e minha força e sei que sou capaz de conquistar o que eu quiser".

Fique atenta também para evitar criar crenças positivas que tenham a palavra "não", pois ao agir assim você se concentra e reforça justamente aquilo que quer evitar. Ou seja, em vez de criar uma crença positiva que diga "Eu não ouço os meus medos", crie algo parecido com o seguinte "Eu sou mais forte que os meus medos". Dessa forma reforçará o seu objetivo real e fará com que sua crença cumpra o papel fortalecedor a que se destina.

Agora, mãos na massa! Crie uma lista das novas crenças que você escolhe para a sua vida.

Terminada a tarefa, é hora de fazer com que você permaneça em contato com essa nova crença, repetindo-a até que ela se torne o seu novo hábito mental, seu novo padrão automático de pensamento. Para isso, crie gatilhos para lhe lembrar da sua nova crença. Por exemplo, você pode repetir a nova crença fortalecedora toda vez que passar por um espelho, ou pode colocar alarmes no seu celular para tocar ao longo do dia, reforçando aquela crença.

É importante que você faça esse processo com poucas crenças de cada vez (de uma a três), para que não se torne algo confuso no seu dia a dia. Imagine ter o seu celular despertando a cada cinco minutos com uma crença positiva diferente? Não vai dar muito certo, não é mesmo? Por isso, escolha as que reforçará em um primeiro momento e vá repetindo o processo até que todas estejam devidamente assimiladas por sua mente.

REVELANDO OS PONTOS CEGOS

Existe um outro fator que pode atrapalhar seu desenvolvimento e que, muito provavelmente, está fora do seu radar. Algumas pessoas não reconstroem sua autoestima e não fazem as mudanças de comportamentos necessárias para isso apenas por não saberem exatamente como agir. Outras permanecem nesse ciclo de baixa autoestima porque estão tirando alguma vantagem disso. Esses benefícios são os seus pontos cegos.

Imagino que, ao ler isso, você diga "o quê? Não tem benefício nenhum em me sentir mal comigo mesma". Sei que pode parecer um contrassenso, mas pense comigo: se uma situação fosse cem por cento desvantajosa, você não toleraria sua permanência por nem mais um segundo e faria tudo o que fosse preciso para mudá-la. Faz sentido?

Como eu disse, trata-se de ganhos ocultos que se tornam verdadeiros inimigos da sua jornada, justamente por atuarem sem que você se dê conta. E, por permanecerem ocultos, eles desequilibram a balança, como se fossem muito mais vantajosos do que de fato são.

Outro grande problema de não os identificar é que eles podem impedi-la de obter o resultado que deseja, fazendo com que se frustre por não ter conseguido e, com isso, questione o seu valor e a sua capacidade, em vez de compreender que a culpa desse insucesso é dos pontos cegos. É como acontece com os carros. Todos eles têm alguns pontos cegos, pontos ao redor do veículo que não são captados mesmo olhando para todos os retrovisores. Dessa forma, pode ser que você faça uma manobra tomando todas as precauções e, mesmo assim, colida com outro veículo. Quando você não sabe que os pontos cegos existem e que essa foi a causa de não ter visto outro carro, pode ser que se culpe pelo acidente, que questione seus atos e sua habilidade como motorista e até duvide da sua sanidade, afinal você olhou para todos os lados, checou todos os retrovisores e não viu aquele carro que estava ao seu redor.

Está bem, você entendeu direitinho como funcionam os pontos cegos nos carros, mas talvez na sua vida pessoal e na sua autoestima, ainda não tenha ficado claro. Então, vou dar um exemplo, porque acredito que assim será mais fácil visualizar e compreender o que estou dizendo. Talvez você atribua a sua baixa autoestima a uma falta de atenção dos seus pais ou de figuras de autoridade. O cenário atual é doloroso, você se sente muito mal por não gostar de si e por não confiar em você mesma. Toda a tristeza e falta de autoconfiança que sente são prejuízos emocionais enormes, ou seja, grandes desvantagens de permanecer com baixa autoestima. E quanto aos benefícios? Talvez, mantendo-se na situação atual e vivendo com esse sofrimento, você se sinta intimamente "vingada", como se dissesse aos seus pais "estão vendo o que vocês fizeram comigo?", dando uma espécie de recado a eles. Isso também eximiria a sua responsabilidade de tomar uma atitude, porque, afinal, foram eles os causadores da sua baixa autoestima. Esse suposto benefício, na verdade, é algo que a enfraquece e faz com que permaneça presa em uma situação dolorosa, além de retirar de você a liderança e o protagonismo de sua vida, tornando-a uma eterna refém das suas mágoas e vítima do passado.

Outro exemplo: pode ser que você sinta dificuldade em tomar decisões e sempre dependa da opinião dos outros para decidir sobre as coisas da sua vida. Isso é muito desvantajoso, pois mina a sua autoconfiança e a torna totalmente dependente das pessoas para tudo. Todavia, há um benefício oculto em agir assim, pois, caso tome uma decisão ruim, poderá culpar e responsabilizar a pessoa com quem se aconselhou, afinal, você recorreu a ela na sua tomada de decisão. Mais uma vez, você teria o benefício de se eximir da responsabilidade pelos seus atos. Algo que, como já vimos aqui, não é nem um pouco benéfico para sua autoestima, não é mesmo? Mas, enquanto isso estiver fora do seu radar, torna-se um empecilho para que você aja ativamente para transformar sua vida e recuperar sua autoestima.

É muito importante fazer uma investigação profunda e trazer à luz esses ganhos que vem obtendo com uma baixa autoestima, para que nada mais a impeça de viver a tão merecida transformação. Sempre que você identificar seus pontos cegos e colocar os benefícios e desvantagens na balança, verá que não há equilíbrio e que o peso das desvantagens é muito maior.

Agora que compreendeu a relevância disso, pode ser que esteja se perguntando "como vou fazer para identificar esses benefícios ocultos?". A resposta para isso é olhar para a situação por outra perspectiva, explorando novos pontos de vista sobre ela. Algumas perguntas podem guiá-la nessa investigação:

- Qual a pior coisa que pode acontecer se eu obtiver o que quero?
- O que eu perco ao conseguir o que desejo?
- Quais os possíveis ganhos que tenho ao permanecer no estado atual?

Não menospreze o poder dessas perguntas. Elas são capazes de ajustar o foco da sua mente, promovendo uma investigação que ainda não havia sido feita. Quando lança esse questionamento para a sua mente, você a está instigando a buscar novas respostas. Ao se dizer "não tenho benefício nenhum com isso" sua mente nem se dará ao trabalho de investigar. Todavia, ao lançar a pergunta "qual o benefício que tenho com isso?" a mensagem que sua mente recebe é que: 1 - existe um benefício ali, 2 - é necessário investigar para encontrá-lo. Assim, ela age de forma totalmente diferente, obedecendo ao comando de investigação que você acaba de lhe dar. Viu como uma pergunta pode mudar tudo?

É importante lembrar que talvez essas respostas não venham em um primeiro momento. Está tudo bem. Você deu o comando de busca, sua mente fará a investigação e, a partir daí, o seu trabalho é ficar atenta, consciente e aberta, para perceber a resposta no momento em que ela aparecer.

Outra forma de encontrar os benefícios ocultos é observando o que você fala no momento em que "explode" ou desabafa com alguém. Uma cliente minha estava sempre sobrecarregada de trabalho e desejava mudar essa situação. Ela se planejava para colocar as atividades em dia, seguia direitinho o planejamento, mas, pouco tempo depois, acontecia alguma coisa em sua vida e ela estava novamente com tarefas acumuladas. O ciclo de sobrecarga insistia em permanecer, mesmo com ela agindo para mudar isso. Um dia, em um momento de explosão, ela falou: "Pelo menos, trabalhando, não tenho que ver a bagunça que está essa casa." Na hora em que disse isso, ela percebeu qual era o benefício que sua sobrecarga de trabalho estava trazendo. Assim, em vez de desistir de organizar seus afazeres profissionais, ela cuidou também da organização de sua casa e envolveu sua família nesse processo, para que tudo permanecesse nos devidos lugares e ela não precisasse mais lidar com a bagunça nos seus momentos de folga. E já dá para imaginar o que aconteceu, né? Agindo assim, ela conseguiu se livrar da sobrecarga de trabalho.

Ao identificar os seus benefícios ocultos, além de jogar luz sobre eles, tirando a força que eles tinham ao se manterem escondidos, você também será capaz de encontrar outras soluções que não sejam sabotadoras para a sua autoestima. No exemplo que dei sobre a pessoa que tem dificuldade de tomar decisões e cujo benefício da situação atual é não ter que assumir os riscos, uma possível solução alternativa é ela fazer uma avaliação cuidadosa sobre as implicações de suas decisões, o que permitirá uma redução considerável dos riscos, sem que isso afete sua autoconfiança. No caso da pessoa que não cuida da sua autoestima e com isso tem um benefício oculto de responsabilizar os pais, ela pode conversar abertamente com seus familiares, dizendo como se sente, além de buscar um apoio psicológico, para lidar com as questões ainda não resolvidas da sua infância, transformando o que era um obstáculo em um ponto de apoio para o seu crescimento.

Chegou a hora de colocar em prática toda essa teoria e começar a investigar os seus pontos cegos. Liste as vantagens de cuidar de sua autoestima e os motivos que a fazem desejar ter esse resultado. Em seguida, liste os benefícios ocultos que você obtém ao ter uma baixa autoestima. Por fim, crie alternativas para que você tenha aquilo que o benefício proporciona, sem que isso trave o seu processo de crescimento e desenvolvimento.

Faça a atividade com calma, refletindo sobre cada item da lista. Quando tiver terminado, eu estarei à sua espera no próximo capítulo, em que conversaremos sobre os hábitos e comportamentos de ouro para que você reconstrua a sua autoestima. Até lá!

- Vantagens que você terá que ao cuidar da sua autoestima:

- Benefícios ocultos que você obtém com uma baixa autoestima:

- Alternativas possíveis para ter o benefício, sem comprometer seu desenvolvimento pessoal:

CAPÍTULO 7

Comportamentos de ouro para uma boa autoestima

AGORA QUE VOCÊ SE LIBERTOU DE TUDO O QUE PODERIA ESTAR LHE PRENDENDO em uma vida com baixa autoestima, chegou a hora de colocar em prática os comportamentos de ouro para uma boa autoestima, cultivando novos hábitos e levando seu relacionamento consigo mesma para um próximo nível.

Quero reforçar aqui uma coisa sobre a qual já conversamos no capítulo 3: a autoestima é construída (ou destruída) nas pequenas coisas. É muito importante ter isso em mente, para não correr o risco de desperdiçar as oportunidades diárias que você tem de transformar o modo como se percebe e se relaciona consigo mesma.

Brené Brown é uma das minhas autoras favoritas. No seu livro *A Coragem de Ser Imperfeito*, ela reproduz uma conversa que teve com sua filha, sobre o processo de construção da nossa confiança em uma pessoa. Nesse diálogo apareceu uma imagem incrível, que eu passei a adotar em todas as minhas explicações sobre o processo de reconstrução da autoestima. É o pote de bolinhas de gude. No meio da conversa, a filha da Brené afirmou que em sua sala, na escolinha, há um pote de bolinhas de gude. Sempre que a turma faz algo positivo, a professora coloca uma (ou algumas) bolinha de gude no pote. Por outro lado, sempre que a turma tem o comportamento negativo, a professora retira algumas bolinhas de gude do pote. Quando o pote estiver completo, a turma ganhará uma recompensa, como por exemplo, um lanche especial ou uma festa.

Eu me encanto com a beleza e profundidade desse exemplo tão simples, que também serve perfeitamente para retratar a construção ou destruição da nossa autoestima. A cada pequeno gesto de carinho consigo mesma, uma bolinha de gude é adicionada ao pote. Por outro lado, a cada vez que você se maltrata, uma bolinha é retirada. Consegue perceber que não é um milagre, nem algo mágico e repentino? É uma construção diária, que requer consciência, comprometimento e consistência (ou, como os conhecemos, os 3 Cs).

Outro detalhe importante aqui é que, justamente por não ser algo mágico e repentino, não há um momento específico em que a transformação acontece. Ela está acontecendo o tempo todo, de bolinha em bolinha, de comportamento em comportamento. Costumo brincar com minhas clientes dizendo que não há um portal da autoestima, que você atravessa e "plim" está com uma autoestima fortalecida. Muitas vezes elas só se dão conta da transformação vivida quando comparo suas falas e seus comportamentos atuais com aqueles relatados no começo do processo. E quando faço isso, é emocionante ver a reação delas, percebendo que a mudança aconteceu, que reconstruíram sua autoestima, fazendo isso com leveza e harmonia, concentrando-se em viver um dia de cada vez, um comportamento empoderador após o outro. Este também é o caminho que espera por você.

Os nossos comportamentos são muito poderosos e responsáveis por essa transformação, porque estão o tempo todo passando recados para o nosso inconsciente. Lembra que falamos sobre isso no capítulo 4, ao conversarmos sobre o erro de agirmos guiadas pela motivação errada? Sempre que você estiver em dúvida se uma determinada atitude sua colocará ou retirará as bolinhas do pote, pergunte-se: qual a mensagem que esse comportamento está passando para mim, sobre mim? Tenho certeza de que você se surpreenderá como alguns gestos aparentemente inofensivos são, na verdade, muito prejudiciais para seu autoconceito.

Quer um exemplo? A forma como você se veste para ficar em casa. Se eu tocasse a campainha da sua casa agora, você me receberia da forma como está vestida ou se envergonharia das suas roupas e correria desesperada para se trocar? Se só de se imaginar sendo vista com as suas roupas de ficar em casa você já começou a transpirar de nervoso, precisamos conversar um pouquinho sobre isso, porque estamos diante de um comportamento prejudicial para a sua autoestima.

A forma como você se arruma (ou não se arruma) para ficar em casa pode ter um peso grande para a sua autoestima. Sempre tem alguém a vendo, mesmo quando você está sozinha. Calma! Não estou falando de nenhum espião, estou falando de você mesma. Toda vez que se depara com o seu reflexo, você está reforçando sua autoimagem e seu autoconceito, ou seja, a forma como percebe sua aparência e também a sua percepção de valor diante da vida. Se você fica descabelada, com roupas velhas, furadas e até mesmo sujas, está reforçando uma mensagem de descuido e desleixo consigo mesma. Outro recado que esse comportamento passa é de que você não é importante e não merece o seu melhor. Isso mesmo, afinal, você se arruma para o outro, mas não para si mesma, reforçando a mensagem de que o outro é mais importante que você, fazendo com que você se desloque do centro da sua vida, para colocar as necessidades e interesses do outro em primeiro plano, relegando-se ao segundo.

Eu sei que todo mundo quer se sentir confortável quando está relaxando em casa, mas isso não significa ficar maltrapilha. Não estou dizendo que seja necessário usar salto alto ou as mesmas roupas que usa para ir ao trabalho ao a um encontro com as amigas. Trata-se apenas de se arrumar com carinho para si mesma, sem excessos e sem abrir mão do conforto. Tome por parâmetro a roupa que você usa para atender a campainha, ir à padaria ou ao mercado para uma comprinha de última hora. Não é necessário se arrumar toda, mas também não dá para ir com uma roupa velha e furada, não é mesmo? Por isso, na dúvida, adote a seguinte regra: "Se não serve para ir à padaria, não serve para ficar em casa".

Agora que possui essa nova consciência e compreensão, aproveite para fazer uma limpeza em seu guarda-roupas, desfazendo-se das roupas que não usará mais. Você pode doá-las para alguma instituição de caridade, porque, muitas vezes, aquilo que não nos é mais útil pode mudar a vida de alguém.

Desfaça-se também daquelas roupas que você espera emagrecer para poder usar de novo. Na maioria das vezes, essas roupas não lhe motivam, como se costuma pensar. Se quando olha para elas, você se sente mal sobre o seu corpo e sua aparência, manter essas roupas só serve para você se massacrar, julgar e detonar sua autoestima. E aposto que será muito mais legal e motivador poder comprar roupas novas, alinhadas com seu estilo e que a façam se sentir bem, do que voltar a usar as roupas velhas que guardou por tanto tempo.

Ah, e ao fazer essa limpeza no guarda-roupas, não se esqueça da gaveta de peças íntimas. Nada de calcinhas velhas, furadas ou relaxadas!

ALGUNS EXEMPLOS DE COMPORTAMENTOS DE OURO

O que faz com que uma ação seja um comportamento de ouro é sempre a mensagem que passa e o estado mental e emocional a que lhe conduz. Darei mais alguns exemplos que considero praticamente universais, mas não se limite a eles. Só você conhece a sua vida e a sua rotina, devendo avaliar individualmente os seus hábitos, modificando-os sempre que perceber que eles fazem um desserviço à sua autoestima.

BEBER ÁGUA

Você sabia que boa parte das pessoas não bebe uma quantidade suficiente de água e vive em um estado crônico de desidratação? Eu considero essa informação impressionante, pois, além dos malefícios físicos que a desidratação provoca (como por exemplo, fadiga, dores de cabeça, ressecamento de pele, desregulação do funcionamento intestinal, dentre outros), o fato de não se hidratar adequadamente é um sinal de autoabandono, pois você não está dando ao seu corpo o mínimo que ele precisa para viver de forma saudável! Isso pode internalizar uma mensagem prejudicial de negligência com suas necessidades e reforçar um padrão de não se importar consigo mesma e não se dar a devida atenção.

Beba água. Incorpore esse novo comportamento ao seu dia a dia e, quando fizer isso, faça com presença e atenção. Faça seu corpo se sentir amado, bem tratado, notado. Diga a si mesma que está cuidando de você, que este é um gesto de amor, atenção e cuidado, exatamente como você merece ser tratada por si mesma e pelo mundo.

CULTIVAR UM TEMPO DE QUALIDADE CONSIGO MESMA

Reserve um espaço na sua agenda para fazer as coisas de que gosta e para cultivar os seus hobbies. Não se trata de trabalhar com o que gosta, nem de estar com seus amigos ou familiares. Tudo isso é importante, mas o foco aqui é se sentir bem em sua própria companhia e fazer coisas que lhe façam bem, com a única finalidade de se distrair e se divertir.

A vida é sempre repleta de atividades que muitas vezes nos levam à exaustão. Deixar para fazer coisas por você apenas quando tiver um tempinho sobrando, é deixar-se em segundo plano e talvez nunca realizar as atividades que lhe façam bem.

A frequência com que fará isso deve ficar a seu critério e ser compatível com sua realidade, mas procure cultivar esses momentos pelo menos uma vez por mês. Marque em sua agenda esse compromisso consigo mesma e honre-o, como você honraria uma consulta médica ou uma reunião profissional.

Talvez ao ler isso você se sinta ligeiramente desconfortável por se dar conta de que não sabe muito bem do que gosta. Não se sinta mal quanto a isso. Nós mulheres, de um modo geral, fomos condicionadas ao autoabandono. Desde muito novas fomos ensinadas a aceitar como verdadeira uma construção cultural de que o papel da mulher é cuidar dos outros e dedicar-se aos outros. Com isso, nossos olhares e nossas atenções sempre estiveram voltados ao outro. Isso se agrava ainda mais quando há um quadro de baixa autoestima, que nos faz vincular o nosso valor à aceitação social. Já desconstruímos isso nos capítulos 3 e 4, mas agora precisamos lidar com as consequências que acreditar naqueles mitos e agir de acordo com aqueles erros provocaram em sua vida.

Caso você não tenha ideia do que goste, é hora de se lançar em mais uma descoberta apaixonante, experimentando novas coisas e descobrindo hobbies, paixões e talvez até mesmo uma vocação. Preparei uma lista de possíveis interesses para você explorar. Você poderá procurar vídeos e livros sobre os temas que lhe chamarem a atenção, fazer cursos, aulas experimentais e até mesmo conversar com seus amigos para trocarem experiências. Lembre-se de que só descobrirá se gosta ou não de alguma coisa experimentando-a. Não há milagre, nem mágica, mas sim uma jornada deliciosa de se abrir para o novo e permitir-se viver novas experiências. Consulte a lista abaixo com a mente e o coração abertos. Dê vazão à sua imaginação e divirta-se.

- **Fotografia** – praticamente todo mundo tem um celular com câmera. Procure dicas sobre como fazer fotos e experimente sair por aí registrando o mundo por uma nova perspectiva.
- **Artesanato** – existe uma infinidade de tipos de trabalhos manuais. Você pode procurar tutoriais em vídeo, pesquisar referências na internet, buscar com seus parentes e talvez resgatar alguma tradição familiar, ou ainda fazer aulas experimentais de uma modalidade específica.

- **História** – saber mais sobre o mundo é abrir-se para uma série de novas descobertas, capazes de transformar seu olhar sobre o passado, presente e futuro, bem como adquirir um valioso conhecimento sobre o mundo.
- **Cinema** – não me refiro apenas a ir ao cinema e assistir aos filmes em cartaz. Você também pode descobrir outras modalidades de filme, assistir aos clássicos, descobrir os bastidores por trás da criação de uma obra cinematográfica e, quem sabe, produzir seus próprios vídeos e contar as histórias que habitam dentro de você.
- **Artes** – essa foi uma das descobertas mais preciosas que fiz no meu processo de autoconhecimento. Lembro-me do dia que descobri que eu amava arte. Eu parei diante de um quadro de Monet. Aquelas pinceladas cheias de cor e movimento fizeram meu corpo arrepiar-se e fiquei lá parada por longos minutos, hipnotizada por aquela beleza que eu acabava de descobrir. Depois disso, quis saber mais, ver mais, conhecer mais. Hoje as visitas a museus estão sempre presentes em meus roteiros de viagem, além de ter alguns livros sobre pinturas e esculturas na minha biblioteca. Para se permitir experimentar as artes você pode ir a uma exposição na sua cidade, visitar museus, folhear livros sobre esse tema em livrarias ou até mesmo buscar na internet que, além de conter um vasto material sobre todos os assuntos, ainda torna possível fazer uma visita virtual a diversos museus do mundo.
- **Decoração** – deixe-se levar pela criatividade e descubra várias possibilidades de transformar e personalizar ambientes. Desde pintar as paredes da sua casa a reformar móveis, passando pela exploração de revistas, aplicativos e inúmeras referências disponíveis on-line.
- **Moda** – a moda permite que você expresse sua personalidade nas vestimentas, mas também é fonte de conhecimento histórico e cultural, além de um grande incentivo à criatividade.
- **Maquiagem** – busque tutoriais de maquiagem na internet, veja com o que se identifica e brinque com cores e pincéis. Além de descobrir novas coisas, você pode adquirir ou treinar uma nova habilidade, além de se tornar independente e autoconfiante para se arrumar do jeito que melhor expresse sua personalidade e seus gostos pessoais.
- **Música** – aqui você encontrará uma enormidade de possibilidades. Desde descobrir novos estilos e artistas até aprender a tocar um instrumento, cantar e compor.

- **Esportes** – já pensou em experimentar uma nova modalidade esportiva ou então resgatar algum esporte que gostava de praticar quando mais nova? Pesquise na sua cidade para ver o que está sendo ofertado perto de você ou então reúna seus amigos para praticarem juntos.
- **Literatura** – sou suspeita para falar desse tópico, porque sou uma grande amante da literatura. Amo descobrir novas obras e me deixar levar pelas histórias que cada novo livro me apresenta. Descobri muito sobre mim, sobre o mundo e já embarquei em aventuras fantásticas que apenas os livros são capazes de proporcionar. Um passeio pela livraria pode render muitas descobertas, conversar com vendedores de sebos pode ser muito surpreendente e assistir a vídeos com resenhas sobre obras pode ser bastante útil.
- **Filosofia** – mais que um campo infinito para estudos e descobertas, a filosofia pode proporcionar autoconhecimento e também uma vasta compreensão sobre o pensamento humano e, como consequência, sobre a sociedade e o mundo.
- **Gastronomia** – as delícias que o mundo da gastronomia têm são tantas que nem sei por onde começar. Você pode assistir a programas sobre o assunto, testar novas receitas ou até mesmo criá-las. Pode também fazer um jantar especial para seus amigos, ou, ainda melhor, um jantar especial para você mesma. Também pode fazer um curso para aprender novas técnicas, que vão desde como começar do zero até o aperfeiçoamento de algo que já faça. Outra possibilidade é resgatar aquelas receitas que sua avó fazia e você não come há tempos. Mas nem só em colocar a mão na massa se resume a gastronomia. Você também pode fazer o seu paladar entrar em ação e descobrir novos lugares e sabores, experimentando bebidas e alimentos, tirando suas próprias conclusões e impressões sobre a experiência.
- **Organização** – já pensou que a organização, além de facilitar a sua vida, pode ser um hobbie? Já tive clientes que deram um novo significado à organização, enxergando-a como uma atividade de muito prazer, em vez de uma obrigação ou mera tarefa doméstica. Uma delas até descobriu na organização uma atividade profissional e fonte de renda. Ela se formou como *personal organizer* e hoje compartilha seu conhecimento com o mundo, transformando os ambientes e as vidas de inúmeras pessoas.

- **Plantas** – o cultivo de plantas é visto por muitas pessoas como algo terapêutico. Você pode experimentar essa atividade e enfeitar seu ambiente com flores, folhagens e até mesmo cultivar uma hortinha orgânica.
- **Animais** – os animais são criaturas muito especiais e cheias de amor. Estar em contato com eles pode ser uma forma de doar e receber um sentimento muito especial, além de ser fonte de risadas e encantos. Você pode até mesmo se voluntariar em abrigos de animais abandonados e doar o seu amor aos bichinhos que tanto precisam dele.
- **Escrita** – escrever é uma atividade que proporciona benefícios terapêuticos, como já conversamos, mas também é uma oportunidade de dar vazão à sua criatividade e às palavras que ficam guardadas dentro de você. Caso essa atividade lhe seja totalmente estranha, não se preocupe. Existem cursos e livros para auxiliá-la e conduzi-la nesse processo. Há também uma outra possibilidade de atuação por meio da escrita artística, que transforma letras e palavras em verdadeiras obras de arte por meio da caligrafia.

Com tantas opções, não há desculpas para continuar sem saber do que você gosta. Agora é só escolher o que deseja experimentar e viver momentos divertidos e intensos em sua própria companhia. Aproveite!

ARRUMAR-SE PARA SI MESMA

Sei que já falamos sobre esse comportamento no início deste capítulo, mas quis reforçar essa mensagem, pois esse é um gesto simples e muito poderoso que deve ser incorporado em sua vida. Cuide-se com amor e arrume-se com carinho para si mesma, pois você é merecedora de tudo de melhor que a vida tem a oferecer e isso deve começar consigo mesma.

CUIDE DA SUA POSTURA E DA SUA FISIONOMIA

Você sabia que os seus pensamentos afetam diretamente o seu físico? Tenho certeza de que você já vivenciou um momento de tensão ou ansiedade que fez o seu coração disparar e a sua respiração ficar mais rápida e ofegante.

Só que existe um detalhe que muita gente ignora: a recíproca também é verdadeira. Ou seja, a sua fisiologia também afeta os seus pensamentos. Existem vários estudos que demonstram como a posição do seu corpo e a expressão do seu rosto impactam na forma como você percebe o mundo e a si mesma.

Permanecer com o corpo ereto, a cabeça erguida e o peito aberto pode fortalecer instantaneamente a sua autoconfiança. A pesquisadora americana Amy Cuddy, autora do livro *O Poder da Presença*, dedica-se a esse estudo e afirma que uma simples mudança de comportamento corporal é capaz de provocar uma transformação na mente.

Além da postura corporal, a respiração também pode lhe conduzir a um estado imediato de relaxamento e tranquilidade. Quando se respira profunda e lentamente, a mente logo se tranquiliza, por entender que está tudo bem e promove o relaxamento do corpo.

Por fim, a expressão do nosso rosto afeta nossa percepção do mundo. Minha demonstração favorita desse fato é um experimento relatado no livro *Rápido e Devagar – duas formas de pensar*, de Daniel Kahneman. De forma bastante resumida, o experimento se deu da seguinte maneira. Estudantes universitários deveriam avaliar a graça de alguns quadrinhos. Eles foram divididos em dois grupos, devendo segurar um lápis na boca enquanto liam. O primeiro grupo, deveria segurar o lápis atravessado nos lábios, sendo que a borracha ficava apontada para a esquerda e a ponta, para a direita. O segundo grupo deveria segurar o lápis prendendo a borracha entre os dentes, com a ponta direcionada para a frente. Se você tiver um lápis ao seu alcance, faça esses movimentos e perceba que no primeiro, a posição lhe faz esboçar um sorriso e, no segundo, você mantém uma expressão neutra no rosto.

O resultado desse experimento é que os participantes do primeiro grupo, que seguraram o lápis de modo a esboçar um sorriso, acharam os quadrinhos mais divertidos do que os do segundo grupo, que acessavam o mesmo conteúdo, mas com o rosto inexpressivo.

Isso é incrível, pois demonstra que a expressão no nosso rosto, seja ela voluntária ou involuntária, afeta nossa percepção do mundo à nossa volta.

Então, cultive o hábito de respirar profundamente, endireitar sua postura e estampar um sorriso no rosto e, automaticamente, as coisas se transformarão dentro de você.

DAR SEMPRE O SEU MELHOR

Seja qual for a atividade que estiver desempenhando, dedique-se a ela e dê sempre o seu melhor, em tudo o que fizer. Não precisa economizar o melhor de você, pois não é algo esgotável. Fazer as coisas de qualquer jeito é muito ruim para sua autoconfiança, pois você não acessa todo o seu potencial, além de colher resultados medíocres, inferiores à sua capacidade e ao seu merecimento.

Quanto mais você der o seu melhor, mais se reconhecerá capaz e se sentirá fortalecida e segura de si. Os resultados que isso lhe proporcionará serão igualmente gratificantes, sendo possível até mesmo que obtenha reconhecimento e evolução em outras áreas da sua vida, como no campo profissional, por exemplo.

Mas, atenção! Muito cuidado para não confundir esse comportamento com ser perfeccionista. O perfeccionismo é uma cilada que mina a sua autoconfiança, fruto da insegurança e que diz o tempo todo que você não é boa o bastante. A perfeição é uma ilusão que massacra sua autoestima e paralisa você.

Dar o seu melhor é sobre não fazer as coisas de qualquer jeito, mas, sim, fazer o que está ao seu alcance, dando ao mundo o que você gostaria de receber e deixando que a sua melhor versão se manifeste a todo momento.

VIVER NO PRESENTE

Já conversamos muito aqui sobre a importância de permanecer presente e atenta a tudo o que acontece no aqui e no agora para que lhe seja possível identificar e atender às suas necessidades, sem se transformar em um zumbi que realiza as atividades sem o grau adequado de consciência.

Viver no presente, além dos benefícios já vistos, também pode auxiliar a reduzir os seus níveis de estresse e ansiedade, sem que você se deixe levar por medos e preocupações futuras, ou que reviva momentos dolorosos que já ficaram para trás.

Talvez esse seja o mais desafiador dos comportamentos, pois é muito comum deixarmos que a mente nos pregue peças e, quando menos percebemos, já estamos sofrendo, pensando no futuro, ou criando fantasias sobre o que os outros estão pensando. O antídoto para esses momentos é se fazer duas perguntas poderosas: 1- "o que está acontecendo agora?" – essa pergunta a ajudará a voltar para a realidade e separar a realidade presente das projeções futuras criadas pela mente; 2- "Se este momento estivesse sendo filmado, o que a câmera captaria?" – fazer essa pergunta permitirá que você identifique o que é real, separando os fatos das fantasias e das interpretações que são frutos da sua imaginação. A segunda pergunta será muito útil para os momentos em que sua mente insistir em tirar conclusões precipitadas e "ler a mente" das outras pessoas.

Além disso, para ajudá-la a se manter no presente é muito útil fazer exercícios respiratórios, praticar meditação e também exercitar a atenção plena. Esta última, também conhecida como *mindfulness*, consiste em fazer todas as suas atividades totalmente concentrada no presente, com sua atenção voltada para a atividade, sem que a mente tenha espaço para sair divagando por aí.

A atenção plena também é muito poderosa, pois ela garantirá que você esteja sempre presente e pronta para se enxergar como realmente é, sem a interferência das histórias criadas pela mente sobre você mesma e sobre o mundo.

FAZER AFIRMAÇÕES POSITIVAS

Os nossos pensamentos criam nossa realidade. Você aprendeu isso quando conversamos sobre as crenças limitantes no capítulo 6, logo, já tem consciência do quanto é importante cultivar pensamentos positivos e fortalecedores.

É importante lembrar que os pensamentos são escolhas que fazemos, seja de forma consciente ou inconsciente. Quando escolhidos conscientemente, é possível cultivar pensamentos que a empoderem e que a façam crescer. Por outro lado, se essa escolha não for feita de forma consciente, seu subconsciente ficará responsável por isso, ou seja, ele é quem fará as escolhas.

Essa parte é muito importante. Na hora de escolher os pensamentos, um dos critérios utilizados são as emoções enraizadas. Seu subconsciente vai buscar aquele pensamento que está carregado de emoções, como por exemplo, medo, raiva, culpa.

Claro que ele também pode escolher pensamentos associados a emoções agradáveis. Mas posso apostar que, se você viveu muitos anos no piloto automático, sem prestar atenção em si mesma, nas suas necessidades e, claro, nos seus pensamentos, o arquivo das emoções desagradáveis é muito maior, por isso, essas são as escolhas que prevalecem. E, como os pensamentos se tornam sua realidade, eles se concretizam, aumentando o acervo das emoções desagradáveis e, em consequência, os pensamentos negativos, em um ciclo vicioso e interminável.

Para construir uma nova realidade para a sua vida, é preciso agir agora e escolher novos pensamentos de forma consciente.

No livro *O Milagre da Manhã*, o autor Hal Elrod diz que: "Se você não projeta e não escolhe conscientemente suas afirmações, está suscetível a repetir e reviver os medos, as inseguranças e as limitações do seu passado."

Quando você cria uma afirmação positiva e a repete com consistência, está gerando um novo padrão de mentalidade, que vai afetar a forma como interpreta a realidade, as emoções que nutre, as ações que adota e os resultados que você obtém.

É exatamente isso que vamos fazer agora, eu vou ensiná-la a criar afirmações positivas capazes de reprogramar a sua mente e que a ajudarão a construir uma nova realidade repleta de amor e coisas boas.

Para isso, pense por alguns instantes em como é você na sua melhor versão, em como sonha ser. Se tivesse nas mãos uma varinha mágica, capaz de fazer uma transformação instantânea para que você se tornasse a pessoa dos seus sonhos, como você seria?

Visualize-se sendo essa pessoa. Feche os olhos por alguns segundos, para que possa imergir nessa experiência e vivenciar sua versão dos sonhos, experimentando os sentimentos e pensamentos que ela nutre.

Gostou da experiência de se visualizar em sua melhor versão, sendo a pessoa dos seus sonhos? Agora é o momento de trazer essa experiência para o papel. Quais as afirmações positivas que sua versão dos sonhos cultiva? O que ela diz? Em que ela acredita? Por exemplo, talvez sua versão dos sonhos diga coisas como: "Eu sou capaz", "Eu estou aberta para receber todas as coisas boas que mereço", "Acredito e confio no meu potencial".

Transforme isso tudo em afirmações positivas que você cultivará e repetirá todos os dias, ao acordar e ao ir dormir. Quando repetir essas afirmações, lembre-se da visualização que você fez e entre em contato com as emoções agradáveis que ela despertou.

Dessa forma, você vai fixar a cada dia mais esses pensamentos positivos e empoderadores em seu subconsciente, enraizado de forma profunda esse novo modelo de mentalidade, e, claro, acelerando o seu processo de crescimento, para que essa pessoa que visualizou possa emergir e vir ao mundo, porque ela já existe aí dentro de você.

Escreva aqui suas afirmações positivas:

CRIAR RITUAIS DURANTE O SEU DIA

Já pensou sobre a forma como você vive os seus dias? Qual a primeira coisa que faz ao despertar? E a última antes de dormir? Pequenas alterações em sua rotina podem proporcionar grandes resultados muito positivos para sua autoestima e autoconfiança. Ao criar alguns rituais durante o seu dia, você reforça muitos dos conceitos que trabalhamos e pode colocar em prática, de forma metódica, algumas das coisas que vimos até agora.

Um ritual é uma série de comportamentos simbólicos, que representam mais do que as ações em si. Eles são muito comuns em cerimônias religiosas, em que alguns gestuais são utilizados para simbolizar algo mais importante, como por exemplo, a eucaristia na religião católica.

Para nós, os rituais serão movimentos estratégicos que você fará ao longo do dia, para reassumir o controle e reforçar a mensagem de que você é líder da sua vida, imprimindo a energia que você escolhe conscientemente cultivar em sua rotina.

Ainda no livro *O Milagre da Manhã*, Hal Elrod afirma que as coisas que uma pessoa faz na primeira hora do seu dia determinam o seu nível de sucesso, energia e o acesso ao seu potencial e sua felicidade. Tem ideia do quanto isso é impactante?

Se você desperta pela manhã praguejando que dormiu pouco, pensando que está atrasada, que o dia será cansativo e cheio de compromissos, ou consumindo notícias que fomentam o medo e a indignação, essa energia de negatividade, vitimismo e reatividade é que dará o tom ao seu dia.

Por outro lado, quando você cria um ritual da manhã, contemplando atividades que sejam revigorantes e fortalecedoras, seu dia será regido por esse tipo de energia positiva, além de esse gesto internalizar uma mensagem de liderança, pois você agiu ativamente na criação daquele dia, posicionando-se como líder da sua própria vida, em vez de simplesmente reagir aos estímulos externos.

O ritual da manhã deve ser criado de forma personalizada, de acordo com suas preferências e possibilidades. Como não disponho de muito tempo pela manhã, o meu ritual contempla uma oração, a mentalização da minha intenção para o dia, a leitura das minhas afirmações positivas, uma manifestação de gratidão, a leitura das minhas regras da vida (uma atividade que veremos no próximo capítulo) e um bom café da manhã, preparado com cuidado e consumido com calma. Pode parecer muita coisa, mas tudo isso não requer mais do que 40 minutos do dia, incluindo o tempo de preparo e consumo do meu desjejum.

O seu ritual matinal pode incorporar atividade física, meditação, escrita terapêutica e o que mais fizer sentido para você. A minha sugestão é que mantenha a simplicidade, pois, se ficar complicado demais, a chance de você não dar continuidade é grande. Você pode começar com duas ou três atividades e, à medida que se tornar um hábito, incorporar novas ações ao seu ritual, caso queira.

Como será o seu ritual matinal?

Um ritual da tarde, durante o seu intervalo de almoço ou pausa para lanche no trabalho pode conter alguns minutos de exercícios respiratórios, promovendo um descanso para sua mente e o reforço da atenção plena ao longo do dia, e uma revisão das suas prioridades do dia, se tudo está saindo como o planejado ou se serão necessários alguns ajustes. Percebe como é simples? Mas simples é muito diferente de simplório. Os rituais ao longo do dia são bálsamos tranquilizadores e momentos de cuidado e retorno para o seu centro, além do reforço do autocuidado e da atenção consigo mesma.

Como será o seu ritual vespertino?

A finalização do dia também merece uma carinho especial, com a criação de um ritual noturno. Nada de adormecer em frente à televisão ou perder a hora de ir dormir navegando nas redes sociais. Assuma a liderança da sua vida também neste momento do dia e cultive um ambiente adequado ao seu descanso, com o refazimento e uma revisão consciente de como foi o seu dia. Este é um momento perfeito para diminuir os estímulos visuais, realizar uma meditação, escrever no seu diário (conforme conversamos no capítulo 6), listar as coisas pelas quais você se sente grata no dia, e o que mais considerar adequado para se sentir relaxada e preparada para uma noite de sono tranquila e reparadora.

Como será o seu ritual noturno?

CULTIVAR ATITUDES DE AUTOCUIDADO

O último dos comportamentos de ouro sobre o qual vamos conversar aqui é, na verdade, o cultivo de uma mentalidade: cuidar de si mesma com muito amor e carinho. Isso é fundamental para fortalecer o seu relacionamento consigo mesma e o amor que será cultivado nessa relação.

Como já falamos aqui, cuidar de você e atender às suas necessidades é uma responsabilidade sua e que, quando não atendida, provoca frustração e um grande vazio interior. É fundamental que você tenha isso em mente e que pratique todos os dias atitudes que concretizem o autocuidado.

Reitero que não precisa ser nada complicado, nem que a tire de sua rotina. Lembre-se de que são coisas simples que você faz ou deixa de fazer que têm o poder de fortalecer ou minar a sua autoestima.

Uma vez eu fazia uma transmissão ao vivo na internet, falando sobre a importância do autocuidado, materializada pela adoção de pequenas atitudes diárias. Naquela ocasião, havia uma espectadora que comentava várias vezes que não tinha tempo para isso, pois ela era mãe de duas crianças pequenas que consumiam todo o seu tempo. Quando já estávamos quase no final, eu falei diretamente com ela, para responder a essa objeção da falta de tempo, que é algo muito recorrente quando falo sobre o autocuidado. Durante a transmissão eu repeti que eram coisas simples, nada de complicado ou que mudasse a rotina. Então eu lhe perguntei se ela tomava banho todos os dias. Ela riu e me respondeu que sim. Disse a ela que um gesto de autocuidado poderia ser usar um sabonete cheiroso na hora do banho, ou colocar uma trilha sonora para ouvir no chuveiro, ou ainda, passar um hidratante com carinho em seu corpo após se enxugar. Ela se surpreendeu com a simplicidade daquele exemplo e mais tarde me enviou uma mensagem de agradecimento, contando que após aquela transmissão ela abriu um pacote de sabonetes que havia ganhado de presente e que estavam guardados, esperando uma ocasião especial para serem usados. Junto com a mensagem veio a foto do sabonete, em que estava escrito "Faça isso por você".

Eu me emociono ao recordar esse dia, porque é mais uma demonstração de que o mais simples dos gestos pode mudar a vida de uma pessoa. Depois desse dia, essa mulher se tornou minha cliente e juntas conseguimos aprofundar a mudança de mentalidade e a transformação que ela viveu em sua autoestima e em sua vida como um todo.

Por isso, se você também acredita que não tem tempo para fazer isso, lembre-se de que um gesto de amor por si mesma pode ser simples, não requer mudanças em sua rotina, mas é capaz de promover uma verdadeira revolução interior. E, para que não haja nenhum tipo de objeção, nem de falta de tempo, dinheiro ou ideias, preparei uma lista com trinta e cinco sugestões do que você pode fazer para cuidar de si mesma.

1. Tomar um café da manhã tranquilo e saudável;
2. Cuidar do seu sono;
3. Pensar nas suas refeições com antecedência, para evitar comer qualquer coisa porque estava com fome e não se planejou antes;
4. Trocar a roupa de cama e sentir o prazer de deitar-se em uma roupa de cama limpinha e cheirosa;

5. Tomar um chá quentinho e perfumado – Atenção! Isso só vai valer se você estiver presente e prestando atenção no momento, sem se distrair com outras coisas;
6. Assistir àquele filme que você ama e já sabe as falas de cor;
7. Ligar para uma amiga com quem não fala há tempos, só para bater papo;
8. Tomar um banho com aquele sabonete cheiroso que você ganhou e tem dó de usar, ou que nunca compra porque é um pouquinho mais caro que o da promoção;
9. Fazer um bolo de fubá, receita da sua avó e que você nunca reproduziu, ou qualquer outro bolo que goste;
10. Passar um creme nos pés e massageá-los;
11. Colocar suas músicas preferidas para tocar e dançar no seu quarto;
12. Ler aquele livro que está há tempos na estante esperando por você;
13. Respirar profundamente por alguns momentos;
14. Meditar;
15. Manter um diário da gratidão, para se relembrar do tanto de coisas boas que existem em sua vida;
16. Se dar um sorriso sincero no espelho e dizer para si mesma: "Está tudo bem. Eu estou aqui com você";
17. Tomar um banho à luz de velas;
18. Acender um incenso para perfumar a casa;
19. Fazer uma hidratação nos cabelos;
20. Fazer uma caminhada pelo seu bairro;
21. Fazer um passeio em algum lugar especial na sua cidade ou nas redondezas;
22. Montar um quadro dos sonhos, colando imagens ou figuras que representem tudo o que você deseja conquistar em sua vida;
23. Fazer suas orações, cultivando um momento para estar em contato com sua espiritualidade;
24. Olhar-se no espelho e perguntar: "como eu posso lhe fazer feliz no dia de hoje?" (e anteder ao seu pedido);
25. Fazer suas unhas;
26. Arrumar a mesa com capricho, usando as louças "de festa" para um jantar durante a semana;
27. Fazer uma máscara facial;
28. Tomar uma cerveja ou uma taça de vinho ao final do dia;

29. Fazer terapia para buscar mais autoconhecimento e investir na sua saúde mental;
30. Tomar um sorvete;
31. Ir ao cinema e curtir sua própria companhia;
32. Lavar os cabelos;
33. Comer o seu prato preferido;
34. Aprender alguma coisa nova;
35. Marcar seus exames e consultas médicas de rotina.

Essa lista é apenas uma sugestão. Talvez, ao lê-la, você tenha tido outras ideias. Deixei aqui embaixo um espacinho para você registrar suas inspirações e anotar mais coisas que pode fazer para cuidar de si mesma. Assim você não corre o risco se esquecer.

Neste capítulo conversamos sobre os comportamentos de ouro para o cultivo de uma boa autoestima. Agora que você já tem todas essas ideias em mente, vamos seguir em frente e entrar em ação.

CAPÍTULO 8

Entrando em ação

NOS CAPÍTULOS ANTERIORES VOCÊ FEZ UMA INTENSA INVESTIGAÇÃO A seu respeito, identificando várias coisas que prejudicavam a sua autoestima e que a impediam de se conhecer de verdade. Todos esses elementos exercem influência também no mundo exterior, afetando consideravelmente a forma como você se posicionava no mundo.

Chegamos a um momento muito especial dessa jornada. É chegada a hora de entrar em ação e começar a colocar no mundo exterior a transformação e os aprendizados que aconteceram no seu mundo interior até agora, para que sua vida seja o reflexo de quem você é de verdade e que seja construída sobre uma base de autenticidade, autoconfiança e amor-próprio.

REGRAS DA SUA VIDA

Quando veio ao mundo, você não se fez acompanhar de um manual de instruções. Não havia nenhum documento que dissesse o que deveria ou não ser feito por você ao longo da sua vida. Isso seria, no mínimo, absurdo, afinal, cada ser humano é único, com personalidades distintas e visões de mundo particulares. Todavia, a sociedade se incumbiu de providenciar um manual para você (para todos nós, na verdade), repleto de regras e normas de conduta, que não observa a pluralidade nem as diferenças apontadas. Lembra que falamos um pouco sobre isso no capítulo 4, quando conversamos sobre os padrões de comportamento? De repente, todos nós nos vimos submetidos a um mesmo conjunto de atitudes que se esperavam de nós. Só que isso é muito errado. Cada ser humano é único. Cada um valoriza coisas diferentes e o que é bom e importante para mim, talvez não seja para você, pelo simples fato de não sermos a mesma pessoa.

Quando você tenta seguir o que foi estabelecido por outra pessoa como sendo um "roteiro para uma vida feliz", sem questionar se isso é o que você quer de verdade para a sua vida, se faz sentido para você e está alinhado com a sua essência, você passa a viver a vida de outra pessoa.

Agir assim pode provocar um buraco dentro de você, afastando-a da sua essência, o que alimenta sentimentos como ansiedade, angústia, tristeza e frustração. Pode ser também que você se sinta um pouco ingrata, pois pode ter conquistado tudo o que todo mundo sonha em ter, como casa, carro, um bom cargo, mas não se sente feliz com isso. Então, em vez de questionar suas escolhas, você começa a questionar o seu valor, acreditando que esse sentimento de infelicidade é ingratidão, quando, na verdade, ele decorre do fato de todas essas coisas não estarem alinhadas com a sua essência.

Para cultivar uma boa autoestima e viver de forma plena, é fundamental que compreenda o que você realmente valoriza, o que considera fundamental, independentemente do que as pessoas digam ou façam. É preciso que você viva de acordo com as suas próprias regras.

Pense em tudo o que você valoriza de verdade, tudo o que você considera que faz a sua vida valer a pena, que aumenta os seus níveis de satisfação, sua realização pessoal, a sensação de estar no papel de protagonista da sua própria vida e que está alinhado com o que descobriu sobre si mesma ao longo deste livro.

Em seguida, escreva de 7 a 10 regras da sua vida, que serão seus mandamentos para a construção de uma vida autêntica, feliz e realizada.

Darei alguns exemplos meus, para que você entenda a proposta da atividade, mas quero que você crie as suas próprias regras.

Regra #1- Encontrar a oportunidade disfarçada em cada dificuldade que aparece em meu caminho. - Eu criei essa regra porque acredito que por trás de cada problema existe uma oportunidade. Com essa regra, em vez de reclamar quando um desafio aparece, eu me lembro de procurar nele uma oportunidade de crescimento, aprimoramento e transformação.

Regra #2- Respeitar as minhas vontades e os meus limites, fazendo apenas as coisas que quero e que me fazem bem. - Essa regra foi criada para eu me lembrar sempre de que eu devo ser fiel a mim mesma, me amar e respeitar meus limites e minhas vontades em primeiro lugar.

Regra #3- Viver todos os dias com bom humor e alegria. - O bom humor é fundamental para mim. Dar risadas e viver em uma vibração de alegria e descontração faz muito parte da minha essência. Essa regra eu criei para que nunca corra o risco de me tornar uma pessoa séria demais.

Bom, já deu para entender, não é? Agora, mãos à obra e escreva com carinho as suas regras para construir uma vida plena e realizada. Anote também uma pequena explicação do porquê de você ter escolhido cada uma dessas regras, assim como fiz nos exemplos que dei, para que sempre tenha em mente os motivos que a levaram àquelas escolhas.

As regras da sua vida:

1.

2.

3.

4.

5.

6.

7.

8.

9.

10.

Todos os dias, antes de começar o seu dia, leia as suas regras.

No final do dia, antes de dormir, faça uma reflexão sobre como você viveu aquele dia, respondendo às seguintes perguntas:

1. Eu vivi o dia de hoje de acordo com as minhas regras?
2. O que eu fiz que deu certo e eu quero manter?
3. O que eu fiz que não respeitou minhas regras e quero fazer diferente?
4. Como eu escolho viver o dia de amanhã?

Agir de acordo com as suas próprias regras é fundamental para que sua vida se transforme em uma representação autêntica de quem você é de verdade, construindo uma realidade alinhada com a sua essência.

QUAIS OS SEUS SONHOS?

Criar as regras da sua vida lhe proporcionou uma reflexão sobre o seu comportamento no dia a dia, fornecendo um direcionamento de suas ações no cotidiano. Só que a vida não se limita a isso. Sei que conversamos longamente sobre a importância de permanecer no presente, vivendo o único momento que é real: o agora. Mas também é muito importante que você tenha uma ideia do que quer realizar no longo prazo.

Estou falando sobre sonhar. Você se permite sonhar? Já vi muitas pessoas que, de tão massacradas pela sensação de não merecimento e falta de autoconfiança causadas pela baixa autoestima, nem sequer se permitiam sonhar. Talvez essa possa ter sido sua realidade antes de esse livro chegar em suas mãos, mas agora não há motivos para permanecer assim. Você é naturalmente valiosa, capaz e merecedora de tudo de melhor que a vida tem a lhe oferecer. Sonhar é um direito seu, e realizar os seus sonhos, também!

A realidade é criada pelos nossos pensamentos e sonhar é o primeiro passo para manifestar a nova realidade que você merece. Quando falo sobre sonhos não estou me referindo a nada fantasioso, mas aos seus objetivos de vida. Trata-se de mais um gesto de autoliderança, traçando de forma consciente um direcionamento da sua vida e conduzindo-a para onde você deseja, em vez de deixar as coisas acontecerem ao acaso.

Pense no que você deseja alcançar em sua vida, nas conquistas que almeja e nas histórias que vai querer contar quando estiver bem velhinha. Estes pensamentos a ajudarão a identificar os seus sonhos, ou seja, seus objetivos de longo prazo. Neste momento, não há necessidade de se preocupar em ser específica, apenas se concentre nos seus desejos. Faça uma lista desses objetivos por escrito.

Sua lista de sonhos:

METAS

Os objetivos são grandes norteadores da sua conduta. Eles indicam o seu ponto de destino. Pense em um grande mapa. Os objetivos são as bandeirinhas que você finca no local aonde almeja chegar. Mas eles, sozinhos, não são suficientes. Agora é necessário traçar um caminho que lhe permita sair da sua realidade atual e chegar até o local de destino. As responsáveis por dar esse trajeto são as metas.

As metas são ações concretas que conduzirão você a conquistar os seus objetivos. Por exemplo, se meu objetivo é fazer um novo curso superior (algo a ser atingido no longo prazo), uma das metas será pesquisar, até o final da próxima semana, as instituições de ensino na minha região, identificando os cursos ofertados e as formas de ingresso. Caso meu sonho seja adquirir um apartamento, uma das metas que me permitirá sair do meu estado atual rumo a meu objetivo será fazer, até o final do próximo mês, um levantamento das minhas finanças e pesquisa de possíveis investimentos para meu dinheiro. Deu para entender a diferença?

Para traçar suas metas é necessário observar alguns critérios. Existem metodologias específicas para direcionar a criação de metas. Neste livro eu darei a você orientações básicas, com os critérios fundamentais para se traçar uma boa meta. Isso já será o suficiente para você se colocar em ação e começar a criar a realidade dos seus sonhos.

Uma boa meta precisa ser específica, realista e temporal.

Ela será específica se disser, de forma detalhada, qual é o resultado esperado. Por exemplo, uma meta de leitura que se limite a "ler mais" não obedece ao critério da especificidade. Quando isso acontece, não é possível saber se ela foi ou não cumprida, permanecendo sempre em aberto, o que pode gerar ansiedade e frustração. Caso tenha lido um folheto a mais do que o volume de leituras do ano anterior, a pessoa terá lido mais, mas com certeza não era essa a intenção por trás da criação da meta. Mesmo se o volume de leitura for muito alto, a falta da especificidade não permitirá saber se o resultado foi atingido, o que causará a sensação de que, não importa o tamanho dos esforços despendidos com a leitura, isso ainda não terá sido suficiente. Seguindo este exemplo, uma meta específica seria ler um livro por mês, nos próximos doze meses. Dessa forma será possível saber se houve ou não o seu cumprimento.

Outro requisito imprescindível a uma boa meta é que ela seja realista. Isso é o que vai garantir a sua viabilidade e evitar uma possível frustração. Uma pessoa que tenha uma meta de fazer atividade física cinco vezes na semana, de segunda a sexta-feira, durante seu intervalo de almoço, mas já tem esse período comprometido durante dois dias com outra atividade, cria uma meta irreal. Essa meta não será cumprida, acarretando um sentimento de frustração, o que pode abalar a autoconfiança daquela pessoa que, em vez de questionar a qualidade da sua meta, muito provavelmente questionará o seu valor pessoal, afirmando-se ser um fracasso e incapaz de cumprir com o que promete. Criar metas irreais é extremamente danoso, pois os objetivos não serão alcançados e certamente a autoestima será abalada.

Ao traçar uma meta, questione-se: "isso é compatível com a minha realidade?". Caso a resposta seja afirmativa, a meta será realista. Se a pessoa do nosso exemplo tivesse feito esse questionamento, veria que sua meta não era realista e poderia ajustá-la para que cumprisse esse requisito, alterando-a para "fazer atividade física segunda, quarta e sexta-feira, durante o intervalo de almoço".

Por fim, a meta deve ser temporal, ou seja, deve haver um momento exato no tempo para acontecer. O que não está na agenda, não está no mundo. Se a meta não estiver associada a um momento temporal específico, é muito provável que ela não seja cumprida devido à falta de planejamento ou então à procrastinação. Uma pessoa que deseje cuidar melhor de sua saúde e estabeleça como meta fazer um checkup médico, mas não atribui uma data para marcar suas consultas, tenderá a deixar essa tarefa para depois, adiando-a indeterminadamente ou até mesmo se esquecendo dela. Por outro lado, ao atribuir um momento específico para aquela ação, ela transformará a meta em um compromisso, com dia e hora para acontecer.

Agora que você já sabe como fazer suas metas do jeito certo, é hora de analisar seus objetivos e transformá-los em metas. Pense nos primeiros passos a serem dados para que você saia de sua situação atual em direção à vida dos seus sonhos. Assim que as metas forem sendo cumpridas, você planejará os próximos passos e seguirá fazendo acontecer.

Tenha muita atenção nesta tarefa para não correr o risco de se sobrecarregar. Caso você trace muitas metas de uma só vez, poderá se sentir perdida e até mesmo se paralisar, por não saber por onde começar.

Ao olhar para a sua lista de objetivos, pense em quais são as suas prioridades, ou seja, aquilo que é o mais importante para você neste momento atual ou então o que lhe proporcionará os melhores resultados e até mesmo seja capaz de facilitar a conquista de outros objetivos. Outra alternativa é escolher uma meta para cada área da sua vida (relacionamentos, trabalho, finanças, saúde, hobbies e espiritualidade). Dessa forma, além de não se sobrecarregar, você perceberá sua vida progredindo como um todo.

Lembre-se também do que conversamos sobre agir pela motivação correta. Não adiantará nada traçar metas de acordo com todos os requisitos se a motivação por trás delas promover o abalo da sua autoestima e autoconfiança.

Sua lista de metas:

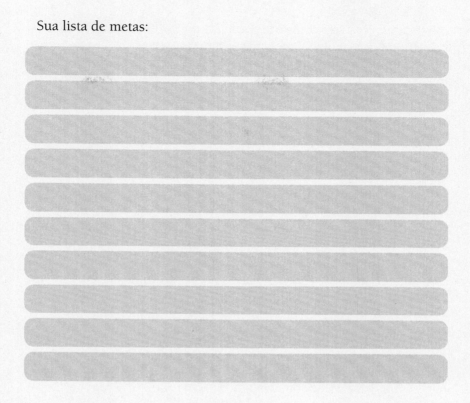

PREPARANDO-SE PARA A JORNADA

Agora que você já sabe o destino e tem o passo a passo garantido pelas suas metas, é fundamental que se prepare adequadamente para a jornada rumo ao seu objetivo. Muito do que trabalhamos ao longo deste livro será útil para essa preparação.

Lembra-se dos seus talentos? Eles são os recursos que você já tem e estão à sua disposição. Portanto, consulte sua lista para verificar quais deles podem ser recrutados ou desenvolvidos para lhe garantir os melhores resultados. Além deles, consulte sua lista de conquistas, para se manter inspirada e fortalecida, caso você se sinta abatida ou com medo, por algum motivo.

Por falar em medo, vamos conversar um pouquinho sobre esse danado? Existe uma zona de calmaria em nossas vidas, a famosa zona de conforto. Preciso confessar que não gosto muito desse nome, pois conforto é algo positivo, você se sente bem quando está confortável.

Mas a situação atual de grande parte das pessoas não é nada confortável, sendo fonte de dor e infelicidade. A questão é que ela é conhecida, a pessoa já se acostumou com aquela realidade. Trata-se, então, de uma zona de desconforto conhecida. A sua vida dos sonhos não está dentro dessa zona e não será alcançada enquanto você permanecer dentro dela.

Atingir os seus objetivos requer que você dê um passo (ou um grande salto) para fora dessa zona de desconforto conhecida. Talvez você já esteja suando frio só de pensar nisso, porque lá do outro lado há o desconhecido e eu sei que isso causa medo para a maioria das pessoas.

O medo do desconhecido aparece porque você não tem garantias do que pode acontecer. Se houvesse a certeza de que tudo daria certo, não existiria motivo para medo. Não é mesmo? A zona de desconforto conhecida é ruim, mas ela é previsível, você tem a sensação de controle da realidade, ao passo que o desconhecido parece algo totalmente fora do seu controle.

Sabe qual o nome disso? Ilusão! Você tem a ilusão do controle e a ilusão da falta de controle. A verdade é que nada no mundo exterior está sob o seu controle. A única coisa que você pode efetivamente controlar é como escolhe se sentir diante daquilo que acontece do lado de fora. Isso sim é algo que só depende de você, como já vimos em vários exemplos até agora.

O desconhecido pode causar desconforto, sim, mas nada mais do que isso. Você já está trabalhando a sua autoestima e sua autoconfiança, e um dos efeitos disso é ter a certeza inabalável de que você é capaz de lidar com qualquer desafio que apareça pelo caminho. Você já tem dentro de si toda a força necessária para conquistar os seus sonhos e superar os obstáculos do caminho.

Gosto muito de uma frase de Henry Ford que diz que "Obstáculos são aquelas coisas medonhas que você vê quando tira os olhos de seus objetivos". Os seus objetivos devem ser o seu foco, por isso eles precisam ser tão bem escolhidos, pois é deles que você extrairá a sua motivação para acessar sua força interior e fazer o que precisa ser feito.

Talvez o crítico interno comece a falar coisas em seu ouvido, tentando fazê-la desistir. Mas você já sabe como calar a boca dele, porque também vimos isso aqui. Pode ser, ainda, que as crenças limitantes surjam durante a jornada. Mesmo assim, isso não será o suficiente para abatê-la, pois você já aprendeu a lidar com elas.

O planejamento da sua jornada envolve também pensar nas coisas que podem dar errado. Sei que pode parecer um contrassenso, pois acabei de dizer, nos parágrafos anteriores, para você não se deixar levar pelo medo, nem pelo crítico ou pelas crenças e agora estou lhe pedindo para pensar em tudo o que pode dar errado. Mas o que acabo de dizer não tem nada de contraditório. O medo, o foco nos obstáculos, o crítico e as crenças tentam convencê-la de que seu sonho é impossível ou que você não é capaz de alcançá-lo. Isso é nocivo. Minha orientação, ao contrário, é positiva e não passa de uma questão de planejamento.

Muitas das coisas que as pessoas chamam de imprevistos são, na verdade, frutos da falta de planejamento. Quando você pensa nas coisas que podem acontecer pelo caminho, você se antecipa a elas e pode traçar estratégias para lidar com isso, caso efetivamente aconteçam. Dessa forma, sua energia e sua mentalidade serão preservadas, sem que você se desgaste excessivamente por ter pulado essa etapa. Pensar nas coisas que podem dar errado tem a ver com antecipar-se e agir de forma proativa.

Por falar em energia e mentalidade, há um fator externo que pode influenciar você nesse quesito, que são as pessoas com quem convive. Uma polêmica frase, de autoria de Jim Rohn, afirma que "você é a média das cinco pessoas com quem mais convive". Não concordo totalmente com isso, pois não tolero nada que limite o potencial infinito de alguém. Afirmar que, necessariamente, uma pessoa é a média das pessoas com quem convive retira dela a liberdade de agir de forma diferente. Todavia, é inegável que o seu círculo de convivência é capaz de exercer grande influência sobre você, principalmente no que se refere a crenças e mentalidade. Isso é agravado quando a existência desse fenômeno é ignorada. E, mais uma vez, a consciência é a chave capaz de libertá-la dessa prisão.

Reveja o seu círculo de convivência. Pense em como são as pessoas com quem você passa o seu tempo e com quem compartilha os seus sonhos. São pessoas positivas, incentivadoras, que fazem com que você se sinta mais fortalecida? Ou são pessoas negativas, que drenam sua energia, deixando-a desmotivada? É fundamental que você repense essa convivência, se possível, ou pelo menos crie estratégias para se preservar e blindar-se emocionalmente quando estiver na presença delas. Não se sinta culpada caso decida deixar ir algumas pessoas que não fazem mais sentido no seu momento atual. As pessoas passam por sua vida em determinados momentos, mas você não tem a obrigação de manter o vínculo com quem não se encaixa mais em seu estilo de vida. Isso não é ingratidão, nem injustiça, muito menos as transforma em pessoas sem valor. Você não é obrigada a permanecer em relacionamentos que não fazem mais sentido. Seja grata pelos momentos vividos e pela fase em que essas pessoas eram compatíveis com quem você era e se permita seguir em frente.

Sei que algumas relações são difíceis de se desfazer, principalmente quando se trata de pessoas com quem precisamos conviver por motivos de trabalho ou vínculos familiares, por exemplo. Mas sempre é possível repensar a forma como essa convivência acontece. Você pode diminuir a frequência dos encontros, se possível, ou pelo menos ser mais seletiva em relação ao que partilha com elas.

Além de repensar o relacionamento com pessoas tóxicas para você, existe algo que é muito poderoso: cercar-se de pessoas positivas e com objetivos similares aos seus. Agir assim é engrandecedor, pois pode fortalecer sua mentalidade, fazer com que você se mantenha motivada e energizada em sua jornada, além de permitir a troca de experiências capazes de potencializar o progresso de todo o grupo. Portanto, é válido criar novos vínculos ou fortalecer relacionamentos anteriores com pessoas com essas características, sejam amizades presenciais ou virtuais, afinal, a tecnologia rompe as barreiras físicas e não permite que a distância seja usada como desculpa para o isolamento.

Ajustadas as suas companhias, tenho mais uma última dica sobre suas metas. Elas precisam ser revistas periodicamente. A cada três meses, faça uma grande revisão. Veja o que está funcionando bem, o que precisa ser reajustado e analise se houve alguma mudança nos seus desejos. Nada é escrito em pedra. À medida que você prossegue em sua jornada de crescimento pessoal, pode ser que sua mentalidade se transforme e alguns dos seus objetivos anteriores não façam mais sentido. Se isso acontecer, está tudo bem. Basta recalcular a rota e permanecer seguindo em frente, seguindo sua vida de forma autêntica.

APRENDA A FALAR "NÃO"

Para garantir que você não se desvie do caminho que acaba de traçar, é fundamental que se aproprie de uma palavrinha muito poderosa: o "não". Sei que já conversamos um pouco sobre isso no capítulo 4, principalmente sobre a dificuldade de dizer "não" por medo de desagradar o outro. Agora quero lhe ensinar a se apropriar dessa palavrinha, para que você consiga dizê-la com confiança e leveza, sempre que precisar.

Saber dizer "não" sem culpa é fundamental para que você siga sua vida com leveza. Dizer "sim" para algo que você não pode ou não quer fazer é muito nocivo, pois, além de poder provocar prejuízos e atrasos em sua jornada, ainda pode conduzi-la para um estado de autoabandono. Mais uma vez, preste atenção na mensagem que é internalizada com essa atitude. Quando se desvia do seu caminho para atender aos pedidos de alguém, você se retira do foco das suas prioridades, colocando o outro no papel central. A mensagem originada por este comportamento é que você não é importante e que as necessidades dos outros são mais prioritárias que as suas. Quando você diz "sim" para algo que não poderia ou não queria fazer, ocorre um desrespeito às suas vontades e aos seus limites, o que pode repetir os velhos padrões de autoabandono e falta de respeito e cuidado consigo mesma.

O simples fato de definir conscientemente seus objetivos e metas é um grande facilitador para dizer "não". Agora você tem um direcionamento claro e está comprometida com ele. Logo, este é o principal critério que deverá utilizar: tudo o que não estiver alinhado com o que você deseja para sua vida ou tudo que fizer com que você se desvie do caminho, deve ser objeto da sua negativa.

Claro que não pretendo aqui lhe induzir a dizer "não" para tudo e para todos. Viver em comunidade requer que façamos algumas concessões. Portanto, em algumas ocasiões, talvez você precisará ceder e dizer "sim" para coisas que, a princípio, gostaria de dizer "não". Quando isso acontecer, você fará concessões de forma consciente e ponderada, e isso é muito diferente do que ter um padrão de dizer "sim" de forma automática.

A essa altura você já se conscientizou acerca da importância de se priorizar, de se colocar em primeiro lugar e que você é a única responsável por suprir suas necessidades e lutar por seus objetivos. Mas as pessoas com quem você convive talvez ainda não estejam acostumadas com essa sua mentalidade e isso poderá causar estranhamento. Fique tranquila, pois isso é normal.

Infelizmente, as pessoas têm a tendência de levar tudo para o lado pessoal. Por isso, quando alguém lhe fizer um pedido ou um convite que você não possa ou não queira atender, talvez a pessoa estranhe em um primeiro momento. Depois desse estranhamento inicial, duas coisas podem acontecer, a pessoa pode compreender sua negativa e lidar com tranquilidade ou ela pode ficar ofendida e magoada. Em qualquer das duas hipóteses, essa reação tem a ver com a pessoa, não com você.

Eu já falei aqui que as pessoas não veem o mundo como ele é, mas sim como elas são. Agora não será diferente. A reação que ela tiver diante da sua negativa é uma projeção do universo interior dela. Se ela for uma pessoa bem resolvida, com boa autoestima e senso de autorresponsabilidade, a tendência é de que seja compreensiva, aceite bem o seu "não" e siga em frente, buscando outra forma de resolver a questão dela. Por outro lado, caso não seja bem resolvida e autor-responsável, é provável que ela assuma um papel de vítima e se sinta triste ou magoada. Sei que quando isso acontece é muito desagradá-vel, mas não é responsabilidade sua. Qualquer que seja a reação da pessoa, trata-se unicamente de uma escolha que ela fez e que somente diz respeito a ela.

Sei que no começo não será algo muito natural para você, principal-mente se o "sim" era o seu modo automático de responder aos pedidos das pessoas. Mas pode ficar tranquila, porque separei algumas dicas que serão muito úteis nesse processo.

1. Seja sempre sincera. Você não deve inventar histórias e contar mentiras quando quiser dizer "não". Isso será prejudicial para todos e ainda poderá fazer com que você se sinta culpada, pois estará deliberadamente enganando a outra pessoa. Você não pre-cisa se justificar, nem pedir desculpas por exercer o seu direito de negar o pedido ou convite de uma pessoa. Caso você se sinta confortável, poderá expor os seus motivos e dizer o porquê da sua impossibilidade, mas não se trata de uma obrigação.

2. Diga "Agora, não". Talvez o pedido que a pessoa lhe faz seja algo que esteja ao seu alcance e possa ser atendido por você, mas não naquele momento. Quando isso acontecer, você não deve largar o que estiver fazendo para auxiliá-la. Você poderá verificar sua disponibilidade e oferecer a sua ajuda em outro momento que não a prejudique. Se ela puder esperar, ótimo, todos sairão sa-tisfeitos, sem qualquer tipo de prejuízo para ninguém. Todavia, se ela não puder esperar, caberá a ela encontrar outras formas de resolver a questão.

3. Indique outra pessoa para a tarefa. Se você não puder ajudar ou se adiar não for possível para quem a procurou, talvez você possa indicar uma outra alternativa ou outra pessoa para ajudá-la naquilo de que ela precisa, se você conhecer alguém, é claro. Trata-se de uma gentileza, não de um dever.

4. Fale "não" com segurança. Quando se deparar com alguma coisa que não está alinhada com os seus objetivos, diga "não" com uma voz firme. Isso não significa ser agressiva. Quando falo sobre ter uma voz firme é falar com segurança e naturalidade, sem que o timbre da sua voz oscile, como acontece quando uma pessoa está muito desconfortável com alguma coisa. Caso isso lhe pareça muito difícil, vá para a próxima dica.

5. Treine na frente do espelho. Se você treme e gagueja só de pensar em dizer "não", pratique. Vá para a frente do espelho, simule uma situação ou conversa com uma pessoa com a qual não se sinta muito confortável e treine o seu "não". Observe suas expressões faciais, a linguagem corporal, o contato visual e o tom de voz quando você diz "não" a alguém. Treinar no espelho vai ajudá-la a se sentir mais confiante e preparada para quando a situação surgir.

Agora, sim, nada pode pará-la. Siga confiante e com segurança, rumo à vida que você escolheu. Lembre-se de curtir o processo, apreciar a jornada e se divertir. A vida é incrível e repleta de motivos para nos encantarmos, por isso, siga com tranquilidade, vivendo intensamente cada fase do caminho. Pare para apreciar as flores, a natureza, os momentos únicos com que cada dia nos presenteia. Lembre-se de que as coisas nem sempre sairão como você planejou incialmente, e está tudo bem. Confie na sua capacidade de adaptação, acesse suas forças e recorde-se de que você não tem controle sobre as circunstâncias externas, mas sempre pode controlar a forma como você encara cada situação da sua vida.

Recentemente li uma frase no livro *Não apresse o rio (ele corre sozinho)*, de Barry Stevens, que tocou meu coração, ajudando-me a ressignificar os momentos em que as coisas não saem conforme o plano, que agora quero compartilhar com você: "Às vezes, quando tudo sai errado, acontecem coisas maravilhosas e eu aproveito coisas que teria perdido se tudo tivesse dado certo." Isso é lindo, leve, verdadeiro e está totalmente alinhado com a minha regra de vida de sempre encontrar as oportunidades disfarçadas em cada desafio. Com certeza você também será visitada por situações em que as coisas saem errado, ou melhor, sem ser da forma como você esperava. Quando esse momento chegar, já posso visualizar você dando um sorriso, lembrando-se de mim e dizendo "Tudo bem! Como posso extrair algo de bom de tudo isso?". Viver bem é uma arte e aí está uma poderosa ferramenta para essa missão.

Agora vá lá para fora. Vá viver e colher todos os merecidos frutos do seu plantio nessa linda jornada de reconstrução e transformação interior. A sua vida incrível está esperando por você.

Carta de despedida

QUERIDA LEITORA,

    Neste momento meus dedos se movimentam rapidamente pelo teclado, no mesmo ritmo em que as lágrimas brotam nos meus olhos e uma energia incrível toma conta de mim. Chegamos ao final dessa etapa da jornada e foi uma honra poder estar ao seu lado durante os últimos tempos.

    Sinto muito orgulho de você por ter chegado até aqui e minha vontade é de lhe dar um forte abraço e dizer "obrigada". Portanto, sinta-se acolhida e abraçada. Sei que talvez nós nunca nos encontremos pessoalmente, ou talvez esse abraço possa de fato acontecer em algum acaso da vida, mas eu acredito em energia. Acredito que você seja capaz de sentir e receber aí tudo o que estou lhe enviando agora, e que a recíproca também é verdadeira.

    Quero muito agradecer a você. Obrigada pela confiança, por abrir sua vida e seu coração para o que eu tinha a dizer aqui. Obrigada também por mudar o mundo! Eu sei que o nosso foco aqui foi o seu universo interior, mas tenha certeza de que essa transformação não parará em você. Quando a gente se transforma, o mundo à nossa volta é tocado, inspirado e, de alguma forma, transformado. Tem uma imagem que gosto de usar e que ilustra bem isso.

    Imagine que você está em uma caverna totalmente escura. Não é possível enxergar absolutamente nada. Você começa a tatear suas roupas, encontra uma vela no seu bolso e rapidamente a acende. A vela gera luminosidade e a luz que emite ilumina não somente você, mas também um considerável perímetro ao seu redor. Nesse instante, você percebe que não está sozinha naquela caverna. Há outras pessoas ali, que estavam igualmente imersas na escuridão total. Elas olham para você e para sua vela, percebendo que também possuem uma em seus bolsos. Uma a uma as pessoas vão acendendo suas velas, cuja luz igualmente ilumina um perímetro maior que cada uma delas. Em instantes a caverna estará iluminada e aquecida. E tudo isso só foi possível porque você acendeu a sua vela, mesmo que não tivesse consciência do impacto que isso causaria.

Com sua transformação pessoal acontece o mesmo. A luz que você acaba de acender dentro de si será luminosa e inspiradora para contagiar uma coletividade, mesmo que você não tenha ideia disso. Por isso, mais uma vez, agradeço, pois de luz em luz criaremos um mundo melhor, que beneficiará a mim, a você e a toda uma coletividade que virá depois de nós.

Siga sua jornada, cultivando sua autoestima, mudando seu mundo e colhendo o amor, o sucesso e a felicidade que você merece. Quero que continuemos juntas, crescendo e compartilhando. Por isso, convido você a me acompanhar nas redes sociais, para que permaneçamos em contato e possamos estreitar nossos laços.

Não gosto muito de despedidas, prefiro os até logos. Então, nos vemos em breve.

Com amor,

CAROL

P.S.: Para mim, será um prazer enorme ter notícias suas e saber como foi a sua jornada para se tornar o amor da sua vida. Sinta-se à vontade para me escrever. Você pode me mandar um e-mail em: carol@entaovemcomigo.com.br e também me acessar, por meio das minhas redes sociais, cujos endereços seguem logo abaixo. Até logo!

instagram.com/entaovemcomigo/

entaovemcomigo.com.br/

youtube.com/carolfagundesoficial

editoraletramento
editoraletramento
grupoletramento

editoraletramento.com.br
company/grupoeditorialletramento
contato@editoraletramento.com.br

casadodireito.com
casadodireitoed
casadodireito